VENDERE SU AMAZON FBA

La Guida Più Completa con Tutti i
Segreti per il Successo
Aggiornata al 2019

FRANCESCO PAPA

ISBN: 978-1791777647
Prima Edizione: Dicembre 2018

SOMMARIO

IL PERCHE' DI QUESTO MANUALE

Tempo fa mi sono posto il problema che non ci fosse un libro valido che trattasse in maniera **completa** la vendita su Amazon ed in particolare con il sistema FBA.

In più ho notato come molte e molte più persone hanno intuito il **potenziale** enorme di questa piattaforma di vendita ma non riescono in alcun modo a **partire** oppure non sono minimamente **coscienti** di quello che stanno **facendo**.

Dopo aver completato la lettura di questo libro finirà per te l'era dei dubbi e saprai impostare il tuo **Business online di successo**.

Quella che ti voglio trasmettere è un'impostazione molto **pratica** del lavoro su FBA che nessuno mai ti darà, a meno che non acquisti un corso (**che costa almeno 500€**), venduto da fantomatici guru che, prima di tutto non hanno mai raggiunto risultati paragonabili ai miei, e poi nella maggior parte dei casi fanno **disinformazione**, perché questo gli conviene.

Scrivendo questo libro è come se **tornassi indietro di 4 anni**, quando non riuscivo a partire perché mi ero **fossilizzato** su alcuni interrogativi, ed è proprio a questi interrogativi che mi prefiggerò di rispondere in maniera **esaustiva**.

Se stai leggendo questo manuale è perché hai fiutato una buona fonte di ricavo e ti posso assicurare che grazie ad un investimento tutto sommato contenuto **potrai far partire un'attività che può portarti a fatturare decine di migliaia di euro ogni mese,** senza dover pagare nemmeno un euro di affitto o di personale che gestisca il tuo negozio.

Da casa tua potrai vendere su Amazon in tutto il **mondo**, in quanto la multinazionale oramai ha magazzini anche in India e Giappone, e prima o poi potrai raggiungere ogni cliente sulla faccia della Terra.

Tuttavia, a tenere i prodotti in vendita sono bravi tutti, ma a vendere bene sono davvero pochi.

L'obiettivo che mi sono prefissato è che entro la fine della lettura ti avrò trasmesso una strategia completa in grado di portarti al successo, e sono sicuro che riuscirai anche a sviluppare una **forma mentis vincente per il business online.**

Non pensare che oggi leggi questo libro e tra un mese fatturerai cifre da capogiro. Ti chiedo di ragionare a lungo termine e di avere pazienza, tenendo in mente che **il tempo è galantuomo.** Così come è possibile che potresti riuscire a rientrare nell'investimento nel giro di 30 giorni, è anche possibile che ci vogliano **mesi** fino a che non racimolerai **utili**.

Amazon FBA quindi è un buon investimento? Sì che lo è, se ci lavori analizzando ogni singolo particolare e non arronzandoti a venditore, tipo mercante di un bazar.

Se lanci un prodotto oggi, non diventerà domani autonomamente il best-seller preferito dagli utenti.

In questo manuale ti spiegherò anche come uscire dall'ecosistema Amazon per **espandere il tuo business ancora di più**, creando un vero e proprio marchio, partendo appunto dalla logistica Amazon FBA.

A differenza dei **corsi in vendita su internet**, questo manuale ti darà uno sprono ad iniziare e a fare esperienza sul campo, siccome puoi imparare tutta la teoria che vuoi ma se non parti non vedrai mai dei **risultati**. Anche per questo a lettura ultimata ti consiglio di metterti all'opera e creare la tua scaletta delle priorità per avviare il Business. Conserva questo manuale sulla tua scrivania in modo da poterlo consultare nel momento del bisogno, ad esempio per rispolverare qualche passaggio del Business che sei sul punto di affrontare.

Un altro valore aggiunto di questo libro è la presenza di un elevato numero di **suggerimenti** che ti faranno **risparmiare** un sacco di **tempo**, mentre invece i fantomatici guru di Amazon FBA non ti daranno mai una serie di consigli fondamentali per avviare il business, in modo tale che tu sia sempre pronto ad **acquistare** i loro **corsi** in **up-selling**, sempre più costosi ed inutili.

Tra il dire e il fare non c'è di mezzo il mare, ma una mancanza di volontà e spirito di iniziativa.

La mia **promessa** è quella di aggiornare questo manuale ogni qual volta cambi qualcosa nell'algoritmo di Amazon, siccome è un mondo che almeno una volta ogni due mesi conosce un **cambiamento** sostanziale nel suo algoritmo.

Nelle prossime pagine imparerai anche quali sono e come utilizzare correttamente i **programmi necessari** per avviare e gestire il **business**, ritenuti fondamentali da 9 top-seller su 10, e sono sicuro che ti **semplificheranno la vita**.

Andando avanti con la lettura ti segnalerò la presenza di molti video tutorial costantemente aggiornati ed **esplicativi** caricati in una apposita cartella, in esclusiva per i lettori di questo manuale. Troverai il link per accedere nella penultima pagina.

Tutti questi particolari che ho illustrato in questo primo capitolo introduttivo ti fanno capire come hai fatto un'**ottima scelta** acquistando il **manuale più completo** in assoluto sul Business Amazon FBA!

CONOSCERE AMAZON FBA

Se hai acquistato questo manuale dovresti saperlo già, in parole povere, FBA funziona così: **Tu vendi, Amazon spedisce.**
FBA sta appunto per "**Fulfillment by Amazon**" e si basa su questi cinque punti:

1. Il venditore **spedisce** ad un centro logistico di Amazon i suoi prodotti, dove saranno **stoccati**;
2. Amazon memorizza **quante** unità sono disponibili all'interno del magazzino e le mette **in vendita** sul sito;
3. Quando un cliente ordina, Amazon imballa e **spedisce** i prodotti venduti attraverso la sua rete di corrieri;
4. Il sistema fornirà sia al venditore sia al cliente il codice di tracciamento del pacco così che possano tracciarlo;
5. Lo Staff di Amazon si occuperà di gestire il **servizio clienti** al posto del venditore, inclusa la pratica per i resi.

Purtroppo, non è tutto così semplice, altrimenti a quest'ora **tutti** venderebbero su Amazon FBA: ci sono moltissimi passaggi estremamente delicati che non potrai assolutamente **delegare** e aumentano il quoziente di **difficoltà** di questo Business Model.

LA RETE LOGISTICA DI AMAZON

Solamente in Europa sono presenti 29 centri di distribuzione Amazon che ricoprono una superficie di quasi **due milioni di metri quadri.**

Questi magazzini sono esempio di meticolosità, progettazione e precisione ed ogni giorno evadono centinaia e centinaia di migliaia di ordini, anche grazie all'uso dei Robot che coadiuvano l'uomo anziché sostituirlo.

In Italia sono presenti tre centri logistici che coprono capillarmente tutta la penisola: **Piacenza, Vercelli, Roma, e Milano per le consegne Prime Now,** e solo nel bel paese Amazon ha creato ben 5500 posti di lavoro a tempo indeterminato, investendo complessivamente un miliardo e mezzo di euro.

La rete logistica europea fa sì che i clienti Amazon in Italia possano scegliere tra milioni di prodotti immagazzinati nei centri di distribuzione situati in tutta Europa, così come un francese o un tedesco può ordinare prodotti stoccati in Italia o in Spagna e così via.

La multinazionale ha da poco internalizzato la consegna dei suoi pacchi diventando un vero e proprio operatore postale, creando a dicembre 2018 **Amazon Italia Trasport.** Già da qualche mese sono partite le consegne operate da questo nuovo vettore che promette consegne in tempi ancora più **rapidi** e finanche di **Domenica!**

Nella tua città probabilmente già circolano **furgoncini** pieni zeppi di ordini Amazon, i cui autisti devono solamente **segui-**

re le **indicazioni** della loro App che calcola il percorso più veloce per la consegna.

Notizia di attualità è che il colosso di Seattle aprirà un centro di smistamento in Piemonte quasi completamente **robotizzato** e automatizzato, dimostrandosi ancora una volta un passo **avanti**.

Amazon ha il portafoglio pieno, non sorprende allora che investa per crescere. Una maggiore capillarità dell'**infrastruttura** serve a espandere l'attività, garantire consegne più veloce anche nei CAP considerati "disagiati" e migliorare lo stoccaggio delle merci a seconda delle esigenze.

Amazon non ha ancora confermato di voler portare in Italia **Go**, ovvero i suoi **supermercati senza casse**, ma non è certo escluso che lo faccia.

I Go non servono solo a vendere merce e sfumare la distinzione tra fisico e digitale. Potrebbero diventare i capillari della rete logistica, piccoli magazzini in centro città, punti di partenza di alcune consegne, così come luoghi dove ritirare il pacco o consegnare il reso. **Questa è la vera sfida per il futuro di Amazon Italia.**

Spesso mi viene chiesto che fine facciano i prodotti **resi**, la cui **politica** ha sicuramente favorito gli acquisti ma ha avuto un forte **impatto economico** anche sui venditori terzi che operano sulla piattaforma. Gran parte di quello che viene restituito è rimesso in vendita nella sezione "usato". L'oggetto subisce un immediato deprezzamento anche se non è stato mai usato. Basta aver aperto la scatola.

Esiste tuttavia un **algoritmo deterrente** che dapprima avvisa gli acquirenti che avanzano troppe richieste di reso, e se perseverano, nonostante non ci sia un limite preciso, verranno automaticamente **bannati**. Un provvedimento severo, ma **giusto**.

AMAZON FBA VS FBM

Le soluzioni che Amazon offre per la gestione dei tuoi ordini sono sostanzialmente due:

• FBA, ovvero "**Fulfilled by Amazon**";

• FBM, ovvero"**Fulfilled by Merchant**".

Queste due definizioni indicano le due possibilità con cui i prodotti in vendita su Amazon vengono spediti al cliente finale.

AMAZON FBM: Con Amazon FBM il prodotto viene preparato e spedito direttamente dal venditore. In pratica è la stessa modalità che useresti per vendere su Ebay. Sarai tu però ad occuparti del reso e del servizio clienti, e sappiamo bene che su Amazon i clienti sono molto esigenti.

Il vantaggio principale che avrai scegliendo questa opzione è un **maggior controllo sul tuo inventario** e sui tuoi ordini, ma anche un contatto diretto con gli acquirenti in quanto avrai a disposizione anche il loro numero di telefono, e potrai inserire nel pacco che spedisci codici sconto o messaggi di ringraziamento. Inoltre avrai accesso a tariffe scontate sulle spedizioni grazie ai corrieri di Amazon che verranno a ritirare il pacco direttamente a casa tua. Se però avrai grandi volumi di vendita sarà **difficilissimo spedire molti ordini lo stesso giorno**, a meno che non hai dei collaboratori.

AMAZON FBA: Con la soluzione Amazon FBA, il prodotto viene stoccato, preparato e spedito da Amazon, il quale si occupa anche dei resi e del servizio clienti.

In questo modo sarai sgravato di tantissimi **oneri** e **responsabilità**, e potrai impiegare il tuo tempo per trovare nuovi prodotti ed ottimizzare la pagina prodotto, invece che nel **perdere tempo** per preparare i pacchi. Dovrai solamente provvedere a spedire in blocco i prodotti al magazzino di Amazon ed avrai accesso anche ad un'amplissima gamma di clienti che compra quasi **senza pensare** solo perché il prodotto che cerca è spedito da Amazon. Infatti molto spesso l'utente medio di Amazon non acquista prodotti spediti da FBM perché non si **fida** del servizio offerto dal venditore, mentre Prime gli permette di avere una **data** di consegna assicurata e un servizio clienti che gli dà sempre **ragione**.

Ma attenzione, qualora dovessi avere dei prodotti molto voluminosi non ti conviene assolutamente FBA! Considera che ogni mese sei tenuto a pagare la tariffa di stoccaggio in base ai metri quadri occupati nel magazzino Amazon: **26 Euro** al metro quadro da gennaio a settembre e **36 Euro** al metro quadro da ottobre a dicembre.

IL MINDSET PER IL BUSINESS ONLINE

Chi si è convinto di cambiare vita lavorativa avviando un'attività in proprio ha già preso, dentro di sé, la **decisione** più importante.

Mentre se sei un dipendente hai come scopo primario quello di completare i compiti affidatigli dai superiori e **vendere** il proprio **tempo** – che è la cosa più **preziosa** che abbiamo - per ottenere denaro, l'imprenditore ha la necessità di trovare il modo per fare **funzionare** tutto alla perfezione per garantire alla propria azienda floridezza e **stabilità**, mentre lui potrà anche essere **libero** spazio-temporalmente.

Tuttavia, è bene che tu sia consapevole di quale sia la **mentalità imprenditoriale** necessaria per accompagnare il dinamismo e lo spirito di iniziativa del **Business Online**.

Il **mindset** dell'imprenditore di **successo** è sostanzialmente caratterizzato da questi tre elementi:

• **Le credenze** – Gli imprenditori di successo credono in sé stessi, nelle loro attività e nei loro prodotti o servizi.

Sono **convinti** anche della loro capacità di arrivare alla meta.

E soprattutto, capiscono quanto le convinzioni sulle proprie **capacità** siano importanti nel determinare le loro **decisioni** rispetto a cosa fare e cosa non fare, quali informazioni sono importanti e quali non lo siano, quali azioni intraprendere e quelle da non considerare.

• **Gli atteggiamenti** – Il Business Online richiede specifiche caratteristiche emotive e mentali. Gli atteggiamenti delle persone nei confronti del lavoro determinano se sono adatte a intraprendere un'attività in proprio o fare un lavoro da dipendente.

Secondo gli studi scientifici sull'imprenditorialità, l'atteggiamento mentale dell'imprenditore di successo è caratterizzato da: **coraggio**, **perseveranza**, **adattabilità**, **curiosità**, orientamento al **futuro**, bisogno di **autorealizzazione**, desiderio di **imparare** e disponibilità ad **agire**, accettare la totale **responsabilità** delle **proprie azioni** e della propria vita.
Un atteggiamento mentale **dinamico** è ciò che predispone l'imprenditore a rivedere le proprie azioni quando è necessario, a **imparare** costantemente, anche **dagli errori**, e cercare nuovi modi per adattarsi alle nuove condizioni e circostanze,

ad affrontare i rischi in modo consapevole e credere nel successo personale e della sua impresa.

• **La focalizzazione** – Se c'è un tratto chiave della mentalità imprenditoriale, è la capacità di orientare il proprio **focus**, di dedicare **tempo, energia** e **attenzione** verso ciò che aiuterà a far crescere il business e mitigare qualunque cosa ne rallenti lo sviluppo.

Concentrandoti soprattutto sui tre **elementi chiave** del successo imprenditoriale e acquisendo la consapevolezza dei tuoi punti di forza, aumenterai le possibilità che la tua azienda raggiunga l'eccellenza e risultati sempre più importanti.

INQUADRA IL TUO OBIETTIVO

Per sviluppare il tuo Business con il sistema FBA hai 2 **scelte**:
• **breve termine:** trovare una serie di prodotti profittevoli appartenenti a **categorie diverse** e lanciarli su Amazon, sfruttando il grande fatturato che ognuno di questi genera, nonostante non siano minimamente collegati fra di loro;
• **lungo termine:** vendere più prodotti nella stessa nicchia, con **guadagni** anche **inferiori** rispetto a quelli appartenenti a nicchie diverse, creando però un **Brand**, dando valore al tempo e stando parecchio attento a ogni singolo particolare.

Questo significa che se un tuo cliente acquista un tuo prodotto e si trova bene, può decidere di acquistare anche un altro prodotto che vendi tu nella stessa nicchia sotto lo stesso Marchio. Questa tecnica si chiama **cross-selling**.

Grazie ad Amazon, molti venditori sono riusciti a creare marchi talmente venduti in quella determinata nicchia che sono riusciti ad espandersi al di fuori di Amazon, **creando un sito di e-commerce a parte**, svincolato dal colosso di Seattle, aumentando così i **margini** proprio perché quest'ultimo esige delle **percentuali** piuttosto alte per gli ordini che ti procura.

La prima strada invece può sembrarti quella più facilmente percorribile, ma alla fine non avrai costruito niente di a sua volta "vendibile".

A prescindere dalla strada che sceglierai, Amazon non è una macchina che permette di farti guadagnare da subito, ma la **fase di investimento potrebbe prolungarsi anche per molto.**

Per quanto riguarda il budget iniziale, maggiore sarà, più facilmente riuscirai a scalare le classifiche di Amazon grazie ad investimenti mirati, non alla portata di chi vuole investire in questo business qualche risparmio.

Per partire, considera almeno 5000 Euro, che ti giustifico subito così:

- **300 Euro**: Pratica per l'apertura della Partita Iva con il regime forfettario

- **2700 Euro**: Mettili da parte per pagare le spese provvidenziali INPS previste ogni giorno 16 nei mesi di Febbraio, Maggio, Luglio e Ottobre (2700 euro sono calcolati solo per il primo anno di attività e comunque considerati su un massimale di 15 mila euro di fatturato. Se ti dovesse andare male e ricavi dalle vendite anche 0 euro, dovrai lo stesso pagare l'INPS).

- **1000 Euro**: Ti serviranno per acquistare almeno 2 stock di merce, siccome Amazon paga le vendite ogni 14 giorni, e se stai per finire la merce in magazzino e non piazzi un altro ordine dal fornitore, smetterai di vendere per molto tempo e scenderai di classifica.

- **50 Euro**: Costo per il primo mese di abbonamento ad Helium10, la **suite di software più completa** per i venditori Amazon FBA (50€ anziché 100€ solo con il coupon GIONSITALY50 dal link https://bit.ly/2IY3voH). Potrebbe sembrarti troppo dispendioso spendere 50€ per un programma in abbonamento, ma **sono sicuro che se lo userai è perché punti in alto con il business FBA** e non vuoi assolutamente commettere **errori** di percorso.

- **450 Euro**: Spese di gestione del Commercialista (questa spesa varia da commercialista a commercialista e da regime fiscale a regime fiscale, ma raramente arriva sopra i 500 euro annuali per la gestione di un semplice regime forfettario).
- **395 Euro**: Iscrizione al GS1, ovvero l'ente che ti fornirà i codici a barre per vendere i tuoi prodotti.

Con questo capitolo ho anche chiarito il dubbio della maggior parte degli Imprenditori FBA in erba: il budget per avviare il Business. Lascia **perdere** tutti coloro che ti consigliano di partire con cifre che si aggirano sui 2000-3000 Euro: in poche parole ti stanno consigliando di non aprire la **partita IVA**, e vendere senza di questa equivale ad evadere il fisco e in caso di controlli si va sul **penale**. Immagina se un cliente ti chiede una **fattura** per l'acquisto effettuato, tu cosa cavolo gli **mandi**?

COSA SIGNIFICA VENDERE IN PRIVATE LABEL

Vendere in Private Label significa, in parole povere, personalizzare il prodotto che stiamo importando dalla Cina aggiungendoci un logo.

È sufficiente che questo logo contenga un marchio con un nome **di tua invenzione**, e far stampare questo dal nostro fornitore al momento della produzione.

Se non sei in grado di creare un logo in alta risoluzione, ci sono tantissimi **grafici freelancer** pronti a fare questo lavoro per te in cambio di poche decine di Euro su un portale che ti consiglio di provare, Fiverr.

La **personalizzazione** del prodotto da parte della fabbrica con un tuo logo non è gratuita, infatti dipende dal lavoro che vuoi fare e dal tipo di stampa.

Una buona idea potrebbe essere far stampare il logo a colori su un adesivo e farlo attaccare sul prodotto, in modo da far **distinguere** il **TUO** prodotto dalla concorrenza e far capire all'acquirente che non sta acquistando un prodotto generico, ma quello di un **brand vero e proprio** (per questo sarà importante farti conoscere).

Un'altra idea per personalizzare il tuo prodotto è cambiare il colore delle parti plastiche. Quasi sicuramente non sei l'unico ad importare lo stesso prodotto cinese, ma spendendo qualche Euro in più darai l'idea di star vendendo qualcosa di diverso.

Un aspetto fondamentale da tenere in considerazione è il **packaging**. Sarebbe meglio che questo non presenti scritte in cinese, per non dare l'idea di un prodotto di scarsa qualità spesso associato (anche erroneamente) al **made in China**.

Investire nel packaging significa creare un'esperienza di *unboxing* del cliente più gradevole, magari inserendo **biglietti di ringraziamento** o codici sconto su altri articoli messi da te in vendita.

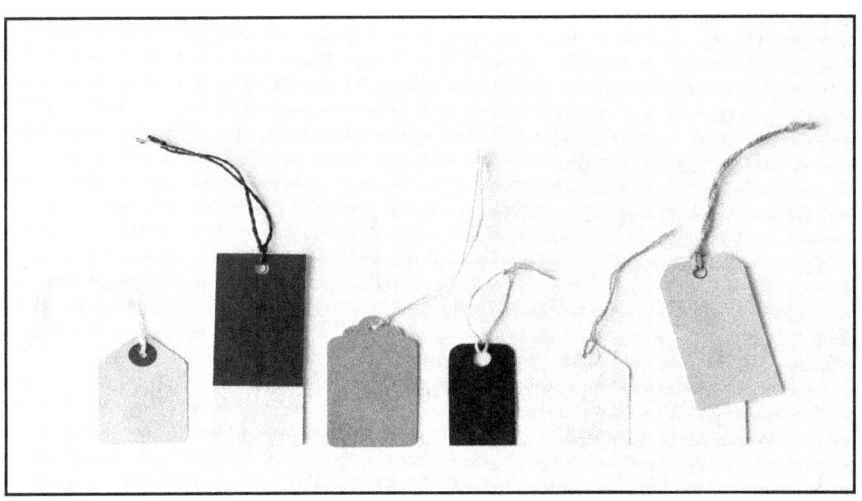

Potresti anche pensare di inserire **piccoli gadget** che un cliente gradirebbe ricevere abbinatamente all'acquisto del tuo prodotto.

Molto spesso mi viene fatta questa domanda, che ritengo più che lecita: "*Francesco, ma come si fa a vendere su Amazon, in un mercato saturo come quello di oggi?*". La risposta vale un milione di dollari: sì, esiste un metodo attraverso il quale è possibile farsi spazio nella concorrenza sempre più agguerrita, senza cadere nel tranello della "lotta di prezzo".

Bisogna differenziarsi. Come dice giustamente Seth Godin, probabilmente il più grande Marketer al mondo, il rischio da correre è fare qualcosa di davvero straordinario. Le famose 4 "P" del Marketing (prodotto, prezzo, posizionamento e pubblicità) non sono più sufficienti per vendere un prodotto di successo al giorno d'oggi. In termini di mercato, essere straordinari significa offrire al cliente **qualcosa che nessuno ha.** Qualcosa che sia in grado non solo di soddisfarne i bisogni, ma che ne realizzi i piccoli desideri **inconsci.**

Rivolgiti ad un mercato ristretto, non puoi pensare di vendere il tuo prodotto a tutti. **Non aver paura** di ricevere **critiche.** Queste ultime, si sa, dovunque c'è qualcosa di nuovo (cioè di non ordinario) piovono a catinelle.

Analizza per bene le recensioni, che sono la voce dei clienti, in modo da capire cosa è possibile **migliorare** fin da subito di un determinato prodotto già in vendita, leggendo specialmente quelle **negative.**

A questo scopo ti può essere di fondamentale utilità il tool "Review Downloader" che trovi all'interno della Chrome Estension di Helium10. Questo strumento ti permette di **esportare** tutte le **recensioni** di un determinato prodotto e scoprire quali siano le parole più spesso ripetute da tutti i clienti, in modo da entrare nella loro testa e capire quello che cercano (ma non trovano, nel caso delle recensioni negative).

Fatto questo per più prodotti simili a quello che vuoi mettere sul mercato, avrai dato vita ad un prodotto **innovativo** ed **unico** nel suo genere.

ADEMPIMENTI FISCALI PER AMAZON FBA

Partiamo da una premessa: per avviare il Business Amazon FBA **è necessaria la partita IVA**.

Tuttavia, è opinione comune che, per le cosiddette **attività occasionali**, il cui ricavato non supera annualmente la quota di 5.000 euro lordi, non sia necessario aprire la Partita IVA.

Si tratta, purtroppo, di una **bufala** per due motivi:

- L'occasionalità di un'attività non dipende dal ricavato, quanto dalla durata e **regolarità** nel tempo (non superiore a 30 giorni per anno solare).
- Tutto ciò non vale nel settore del commercio, che non rientra nella fattispecie della prestazione occasionale e, dunque, non presenta alcun limite economico negli incassi annuali.

Assodato questo, per dare vita al tuo Business Amazon FBA, occorre seguire questi quattro passaggi, sempre **coadiuvato** da un commercialista di tua **fiducia**:

1. **Aprire la partita IVA** – Per aprire la partita IVA è necessario presentare all'Agenzia delle Entrate lo specifico modello AA7/11 nel quale dovrai specificare il **tuo codice di attività (codice ATECO 47.91.10 – "*Commercio al dettaglio di qualsiasi prodotto effettuato via internet*")** e dovrai indicare in quale **regime fiscale** vuoi rientrare.

2. **Compilare lo SCIA** – Si tratta della comunicazione di

inizio attività da inviare allo sportello unico per le attività produttive del comune dove risiedi.

3. **Iscrizione al Registro delle Imprese** – Essendo la vendita di beni un'attività commerciale è necessario comunicare l'inizio della vostra attività al **Registro delle Imprese**. Il registro è tenuto presso la Camera di Commercio di competenza. L'iscrizione al Registro delle imprese ha un costo che si aggira attorno ai 100€.

4. **Iscrizione all'INPS nella sezione gestione commercianti** – L'INPS richiede l'iscrizione obbligatoria alla **gestione commercianti**. Tale gestione prevede il pagamento di quattro rate annuali di contributi fissi di circa 700€ ciascuna, se non si superano i 15 mila euro di reddito annuo. Ovviamente vanno pagati i contributi anche per la quota di fatturato eccedente questi 15 mila euro.

Al momento dell'apertura della partita IVA uno dei punti focali è la scelta del **regime fiscale** a cui assoggettarsi.

A seconda del regime fiscale scelto infatti, seguiranno determinati **adempimenti contabili** e fiscali per la nuova attività.

Un buon consulente in sede di apertura, soprattutto per un commerciante alle prime armi come te, consiglierà il **regime forfettario**.

Con questo regime infatti, si avrà la possibilità di **risparmiare** moltissimo su imposte e contributi. Per di più l'adesione al regime forfettario permetterà di avere moltissime **agevolazioni** dal punto di vista degli adempimenti contabili da effettuare durante l'anno.

Il nuovo regime forfettario è, nel nostro Paese, il regime naturale per tutte le partite Iva che esercitano **micro-attività**, fino a 65 mila euro di fatturato all'anno: superata questa soglia dovrai **obbligatoriamente** passare al **regime ordinario**.

Ma quante tasse si pagano? E con il regime forfettario devo versare l'IVA?

Iniziamo col dire che con il regime forfettario sei esentato dal **versamento** dell'IVA, che potrai metterti in tasca tranquillamente (ma allo stesso tempo non potrai **scaricarla** per gli acquisti professionali).

Come dice il termine, nel regime forfettario le tasse vanno pagate *"forfettariamente"*. L'agenzia delle entrate, per quanto riguarda le attività commerciali, ha imposto un coefficiente di redditività pari al 40% del fatturato: questo sta a dire che secondo le loro stime, un commerciante ha su 100 Euro di vendite 40 Euro di margine. Su questo 40% che diventa il tuo imponibile, esistono due diverse aliquote che ti possono essere imposte:

- **5%** per un massimo di **cinque anni,** se negli ultimi tre anni non hai esercitato alcuna attività imprenditoriale;
- **15%** nei restanti casi.

Mi conviene aprire una ditta individuale o una SRL?

La ditta individuale rappresenta la forma giuridica più **semplice** e meno costosa, in cui non sussiste differenza tra l'azienda e la persona, che sono praticamente la stessa cosa. Questo significa che il titolare della ditta individuale ha **responsabilità illimitata** alle obbligazioni assunte dall' impresa, per le quali risponde con il patrimonio personale.

Questo problema non sussiste quando ci si configuri come **SRL** o **SRLS** (Società a Responsabilità Limitata Semplificata), che però non possono accedere al **regime forfettario.**
Queste due sigle indicano società di **capitali** in cui, per le **obbligazioni sociali,** come debiti verso i fornitori, risponde soltanto la società con il suo conto patrimonio e i soci **limitatamente** a quanto versato nel capitale sociale, che parte da 1 Euro per le SRLS e non può essere inferiore a 10000 Euro per quanto riguarda le SRL.

Tuttavia, la gestione di una società di capitali comporta **spese** molto più **elevate** in sede di costituzione e gestione ordinaria, oltre che ad una serie di lungaggini burocratiche come la redazione dello statuto presso un notaio (il cui onorario si aggira sui 1000 Euro per un servizio del genere).

Proprio per questo motivo, nella prima fase è meglio partire leggeri, investendo le proprie risorse non in tasse bensì in merce da poter vendere, grazie alla semplicità della **ditta individuale**, i cui costi per la costituzione si aggirano sui 90 Euro.

Tuttavia, sia nel caso della ditta individuale che in quello delle SRL e SRLS, sei obbligato ad iscriverti alla **gestione commercianti INPS,** che prevede il pagamento di 3700 Euro di **contributi fissi** (anche se fatturi zero euro – somma che viene però scontata del 35% se aderisci al forfettario), che coprono il minimale pari a **15710 Euro** di imponibile. Superata questa soglia, i contributi pagati sull'eccedente ammontare sono pari al 23,10%, fino al massimo di 46123 Euro, oltre i quali l'aliquota contributiva è pari al 24,10%.

Esiste un modo per non pagare l'INPS?

Certamente, basta che la ditta individuale venga aperta da un **dipendente** a tempo indeterminato **full time** con almeno **26 ore lavorative a settimana,** e che il reddito da lavoratore dipendente non sia maggiore di quello da commerciante.

ADEMPIMENTI REGIME FORFETTARIO – Abbiamo già detto che aderendo al regime forfettario non dovrai **addebitare** l'IVA ai tuoi acquirenti, però allo stesso modo non la potrai **detrarre** per gli acquisti professionali. Non hai nemmeno l'obbligo di **registrare** i corrispettivi, che dovrai solamente **dichiarare**, né nevi registrare le fatture emesse o ricevute.

Gli altri obblighi sono la **numerazione** e la **conservazione** delle **bollette doganali** e l'integrazione delle fatture per le quali risulti essere debitore IVA (come nel caso dell'inversione contabile). Un'altra chicca del forfettario è che esenta completamente dalla fatturazione elettronica e dalla tenuta delle scritture contabili.

LA TRAPPOLA DEL FORFETTARIO – Nei precedenti paragrafi ti ho illustrato nel dettaglio il funzionamento del regime forfettario, che ti potrebbe sembrare un vero e proprio **paradiso fiscale** a prima vista. Ed è vero, siccome la **tassazione** è davvero **bassa** e la gestione è molto semplificata. Purtroppo però, **cadi nella trappola** se progetti il tuo Business con l'obiettivo di rimanere nel forfettario a **lungo**, proprio perché dovrai rientrare sempre nel **limite di 65 mila Euro** di fatturato all'anno, che soprattutto per quanto riguarda il Business Amazon FBA, si supera molto velocemente.

Andando avanti così, ti accorgerai che rimanere in questa situazione non ti consente di **ripagare** appieno gli **sforzi** che la tua attività imprenditoriale richiede.

L'ideale è quindi **rimanere** nel **forfettario** il tempo necessario per strutturare adeguatamente il Business e **farsi le ossa**.

LA RICERCA DEL MIGLIOR PRODOTTO DA VENDERE

Il primo passo importante che dovrai fare è trovare il **prodotto ideale** per la vendita.

Per iniziare al meglio consiglio l'acquisto della versione Premium di **Helium10** che ti permetterà di avere tutte le informazioni necessarie su quello che vorrai vendere. Costa 97$ al mese (che con il coupon **GIONSITALY50** diventano 47$), ma vale assolutamente tutti i soldi siccome ti permetterà di trovare il prodotto migliore da vendere, senza incorrere in **errori di valutazione** che ti costeranno un accidente.

Blackbox, uno dei tanti tool di Helium, invece, ti permette di trovare il prodotto da vendere all'interno del database di Amazon impostando una serie di **parametri**, come il numero di vendite o il punteggio delle recensioni.

Inclusa nella suite di Helium10 trovi la **Chrome Extension** che ti permette di monitorare **l'andamento delle vendite** e delle recensioni direttamente dai risultati di ricerca di Amazon.

Molti aspiranti venditori mi chiedono se Helium10 è più affidabile dell' estensione per Chrome concorrente **Jungle-Scout**, e devo ammettere di sì, le vendite che stima quest'ultima app sono troppo "**pompate**" rispetto a quelle reali, che si avvicinano appunto al numero fornito da **Helium10** grazie al suo super affidabile algoritmo, aggiornato puntualmente **ogni giorno**. Ti mostro i risultati della Chrome

Extension per la ricerca della parola chiave "occhiali nuoto" su Amazon:

Title	Category	BuyBox	Price	FBA fee	Sales
SP Occhialini da Nuoto, Anti-App...	Sport e tempo libero	vetoky	11,99 €	5,19 €	348
SP szdavsi Occhialini da Nuoto Pi...	Sport e tempo libero	davsiwaltshop	n/a	0,00 €	n/a
Occhialini da Nuoto, Anti-Appann...	Sport e tempo libero	vetoky	11,99 €	0,00 €	343
rabofly Occhialini Piscina, Anti UV ...	Sport e tempo libero	IT-Rabofly	9,99 €	0,00 €	208
EVEREST FITNESS occhialini da Nu...	Sport e tempo libero	Königstein Di...	8,49 €	4,66 €	80
Guzack Occhiali da Nuoto, Occhial...	Sport e tempo libero	Chuangmeid...	13,29 €	0,00 €	198
Arena Cobra Ultra, Occhialini Unis...	Sport e tempo libero	Amazon	26,95 €	0,00 €	336

A prescindere che il prodotto da mettere in vendita sia un'idea tua o ti sia uscito tramite una ricerca su Helium10, l'articolo dovrà rispettare dei **requisiti fondamentali**, altrimenti scordati di avere **successo** su Amazon.

PROFITTI INTERESSANTI: Devi cercare un prodotto che ti possa garantire di arrivare a quel **profitto** che stai punti di ottenere con Amazon FBA. Considerando un margine di guadagno del 30%, guadagnerai 30 euro ogni 100 euro di vendite.
Se il tuo obiettivo è di guadagnare con FBA **1000** euro al mese, dovrai selezionare un prodotto che ne fatturi **almeno 3000** al mese, sempre secondo le stime di Helium10.

EVITARE COLOSSI TRA I COMPETITOR: Scordati di mettere in vendita un articolo nella cui nicchia vi è un marchio che stra-domina. Per fare un esempio banale, non metterti in mente di vendere la crema al cioccolato perchè già c'è la **Ferrero** con la **Nutella** ed è impossibile che la gente smetta di acquistare questa per comprare la tua crema al cioccolato.

DIMENSIONI E PESO RIDOTTE: Spesso si trascura il fatto che mettere in vendita un prodotto dalle dimensioni non ridotte comporti un costo di spedizione **molto oneroso** sia per l'importazione dalla Cina, sia dal magazzino di Amazon all'indirizzo del cliente.
Il consiglio è che l'articolo rientri nelle **dimensioni** del pacco **standard** di Amazon (45x34x26cm) e pesi meno di **2 kg**.

PRODOTTO NON FRAGILE: Immagina che un tuo prodotto si rompa durante il trasporto: dovrai **pagare** quel prodotto che poi verrà venduto. Qualcuno poi lo **restituirà**, prenderai una **recensione negativa** e dovrai anche **buttarlo**. Per questo è meglio non vendere prodotti fragili, a meno che non sei sicuro di un packaging a prova di urti.

PREZZO: Il range ideale del prezzo **è tra i 15 e i 50 Euro**. In questa fascia ti accaparrerai tutti quei clienti che acquistano in maniera molto impulsiva.
Sotto i 15 non ti conviene perchè tra tutti i costi avrai un **margine davvero basso**, a meno che il tuo prodotto costi davvero poco all'origine. Al di sopra di 50 euro il cliente medio ci pensa un po' di più, e fa **un'indagine** di mercato molto più approfondita.

SENZA CERTIFICAZIONI O BREVETTI: E' meglio lasciar perdere tutti quei prodotti che necessitano di certificazioni particolari perché facenti parte a **categorie particolari**, come ad esempio quelli per i bambini e soprattutto tutto ciò che ha a che fare con la salute e la cura della persona.

Scordati di vendere **alimentari** ed integratori a meno che non sei tu stesso il produttore e sei consapevole di quello che stai facendo. Per caprie se il prodotto è brevettato, fai una ricerca su **Google Patents.**

SENZA BATTERIE: Per non avere problemi alla dogana e complicazioni con Amazon, è meglio non vendere prodotti con all'interno **batterie.**
Personalmente consiglio sempre di evitare in linea generale anche tutti quei prodotti che richiedono la **corrente elettrica,** che sono anche quelli con la più alta percentuale di **resi.**

NO AI PRODOTTI STAGIONALI: Immagina di vendere delle luci natalizie. Bene, saranno vendutissime nei mesi di Novembre e Dicembre, ma tutti gli altri 10 mesi dell'anno saranno **ferme** in **magazzino.** Per questo è bene scegliere un prodotto che sia venduto 12 mesi all'anno.

EVITARE PRODOTTI CON TROPPI COMPETITORS NUOVI:
Analizzando tutti i prodotti simili a quello che vorresti vendere, vai a vedere la **data di lancio** per ciascuno di questi. Competere con nuovi venditori è molto **rischioso** e può portare anche ad una **battaglia del prezzo,** in quanto sono tutti intenzionati a **rubarti** quelle vendite che fai tu.
Inoltre la presenza di competitors che hanno lanciato il loro prodotto da poco, implica il fatto che la **nicchia** in questione sia **satura** o quasi.

CONCORRENTI CON TROPPE RECENSIONI: Sei un acquirente, compri un prodotto con **10** o con **600** recensioni? Qualora ci fosse un articolo simile al tuo con un numero elevatissimo di recensioni è meglio lasciar perdere, siccome già sta stra-dominando.

Invece se ci sono già 2 o 3 prodotti con 40-50 recensioni, quindi una media concorrenza, **potrai riuscire ad inserirti.**

PRODOTTO CONSUMABILE: Se il tuo prodotto ha anche questa caratteristica è praticamente **perfetto.**

Il fatto che sia consumabile, come ad esempio i sacchetti per l'aspirapolvere, implica il fatto che i clienti **riacquisteranno** il tuo prodotto dopo un certo periodo di tempo, sempre se si sono trovati bene, garantendoti così una rendita costante.

Ma quindi in quali categorie devo cercare il mio prodotto?
Casa e Cucina, Giardino e Giardinaggio, Prodotti per Animali domestici, Abbigliamento, Sport e Tempo Libero, Strumenti Musicali, e Valigeria **per andare sul sicuro**, ma se trovi degli accessori nelle categorie di elettronica ed informatica puoi raggiungere fatturati molto alti.

Per iniziare la ricerca del prodotto, vai su Helium10.com e recati nella sezione "**BlackBox**", quindi seleziona il **marketplace** che ti interessa dal menu a tendina in alto a destra ed inserisci tutti i **parametri** che ti ho consigliato in precedenza. Se non sei stato troppo vago ad impostarli, ti usciranno non più di diverse decine di prodotti, tra cui molte valide **idee** per il tuo primo prodotto, ma vanno sempre considerati il **margine** e il **volume di ricerca**. A questo proposito, installa l'estensione per Chrome di Helium10 ed apri la pagina Amazon di quel determinato prodotto e vedrai che al di sotto dei bullet point ci sarà uno spazio dedicato al "**Revenue Calcula-**

tor", che ti dirà quel venditore quanto sta guadagnando vendendo quel prodotto **al lordo del costo di produzione** (margine lordo).

PRODUCT	SELLERS	PRICE	MONTHLY SALES	MONTHLY REVENUE	BSR	REVIEWS
JOSEKO Zaino da Donna Impermeabile Multifunzione Borse spalla Zaino Studente Zaino Casual Daypack Per la gita scolastica fare shopping Galaxy Category: Valigeria Brand: JOSEKO Seller: JOSEKO IT Fulfillment: FBA Size Tier: Large Standard Size Number of Images: 7 Variation Count: 5 Weight: 0.75 lbs Package Dimensions: 15.22" x 12.44" x 1.05" Storage fee (1,000 units/month): N/A	0	€23.99	338	€7,770.62	336	38 ★★★☆☆ 4.3
Last Year Sales: 1,042	Sales Year Over Year: -	Sales Trend (30 days): +790%	Price Trend (30 days): +6%	Best Sales Period: Aug. 2019	Sales to Reviews
GREMBIULE SCUOLA ELEMENTARE BIMBA (NERO, 8A-116CM) Category: Sport e tempo libero Brand: sfggl Seller: CROCOLATO Fulfillment: FBA Size Tier: Small Standard Size Number of Images: 1 Variation Count: 01 Weight: 0.31 lbs Package Dimensions: 12.65" x 11.50" x 0.55" Storage fee (1,000 units/month): N/A	8	€20.1	369	€7,490.7	275	26 ★★★★☆ 4.4
Last Year Sales: -	Sales Year Over Year: -	Sales Trend (30 days): -	Price Trend (30 days): -	Best Sales Period: -	Sales to Reviews
IIHD 3 Pezzi Costumi da Bagno Ragazza della coda della sirena Mermaid Stretta Costume da Bagno Bikini Category: Sport e tempo libero Brand: IIHD Seller: Jfeaghae Fulfillment: FBA Size Tier: Large Standard Size Number of Images: 5 Variation Count: 35 Weight: 0.53 lbs Package Dimensions: 16.71" x 7.87" x 1.42" Storage fee (1,000 units/month): N/A	2	€16.61	467	€7,755.87	604	63 ★★★★☆ 4.2

Quando avrai trovato un prodotto che soddisfi tutti i criteri,
vai nella sezione "**Magnet**" per capire se quel prodotto è più
o meno cercato su Amazon. Basta digitare la parola chiave
che ti interessa (non essere troppo specifico) per controllare
se i **volumi di ricerca** sono **interessanti** o meno. Se il valore
del "Search Volume" è al di sotto di 500 (ricerche/mese), ti
sconsiglio di vendere quel determinato prodotto siccome
non è molto cercato su Amazon. Quello che ci interessa fare è
intercettare la domanda dei clienti che non viene adeguatamente **soddisfatta**.
L'ultimo step per la ricerca del prodotto è il **metodo dei 999
pezzi** per vedere se un articolo sta realmente vendendo molte unità al giorno.

Questo trucco è applicabile solamente per tutti quei prodotti i cui venditori non hanno l'inventario bloccato, quindi un cliente, volendolo, può acquistare tutti i pezzi rimasti in magazzino.

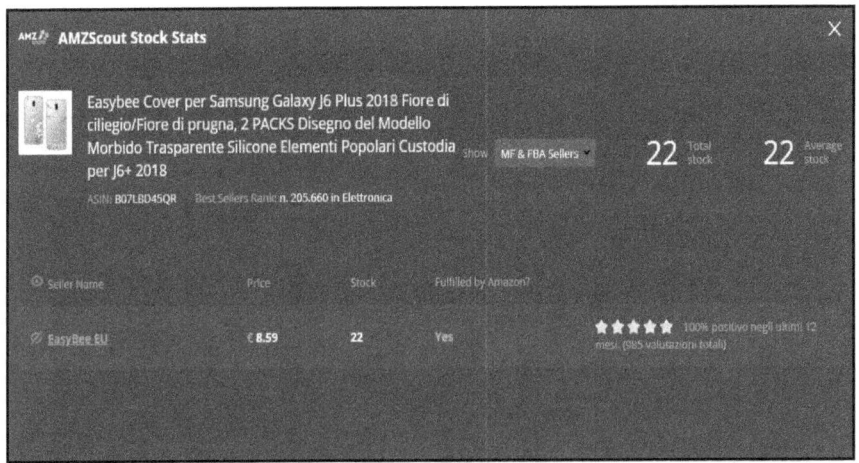

Per usare il trucco dei 999, scarica l'utilissima estensione gratuita **AMZScout Stock Stats**, che avviata nella pagina prodotto ti segnala il numero di pezzi rimasti in inventario. Segnati questo numero e torna il giorno dopo alla stessa ora e calcola la differenza con i prodotti disponibili in questo secondo momento, così da scoprire quante vendite ha registrato in quel lasso di tempo, e vai avanti anche per 10 giorni, in modo da capire quale sia il reale trend di vendita del prodotto, al di là delle stime di Helium10.

In questo capitolo ti ho illustrato tutti i passaggi per la **ricerca** del tuo primo prodotto. Ovviamente dovrai seguire gli stessi **passaggi** anche quando vorrai aggiungere nuovi prodotti al tuo catalogo per **scalare** il Business Amazon FBA.

Avrei potuto tranquillamente **dilungarmi** nella descrizione dei singoli passaggi, ma preferisco che tu **veda** con i tuoi **occhi** come avviene la ricerca del prodotto con **Blackbox** grazie al **video** che ho realizzato e caricato su un apposito sito web, che ti **linkerò** in seguito.

DIFFERENZE TRA ASIN, FNSKU ED EAN

Se sei alle prime armi, ti capiterà spesso di andare in confusione con questi tre tipi di codice.

L'**FNSKU** (Fulfillment Network Sku) è l'identificativo del prodotto all'interno della rete logistica di Amazon, quindi **ti servirà solo se farai gestire la consenga del tuo articolo da Amazon.** Quando riceverai un ordine, un addetto del centro di distribuzione scannerizzerà il FNSKU per controllare se è il prodotto giusto e avvierà la spedizione.

Quindi l'FNSKU va messo su ogni singolo prodotto che hai in vendita nel magazzino Amazon.

W059T05R7F

My Amazon Product Description - Size - Color
New

L'**ASIN** sta per Amazon Identification Number, è un codice composto da 10 caratteri interno ad Amazon che serve a risalire al tuo prodotto anche tramite la barra di ricerca nel loro sito o nella barra degli indirizzi così:

www.amazon.ti/dp/ILTUOASIN

Se hai un prodotto disponibile in misure o colorazioni diverse, ognuna di queste variazioni avrà un ASIN differente.

L'**EAN** (European Article Number) è un codice a barre che differenzia ciascun articolo anche **al di fuori di Amazon**, come al supermercato così come su Ebay.

Le prime **9 cifre** del codice EAN corrispondono al prefisso aziendale GS1, e serve a **identificare** a livello internazionale la **ditta proprietaria** del **marchio**. Le seguenti 3 cifre delle 13 totali vanno da 000 a 999 e servono ad **indentificare 1.000 prodotti differenti**.

La **tredicesima** cifra è quella che serve per controllare la **correttezza** dell'EAN, esattamente come avviene con l'ultima lettera del codice fiscale. Per **ottenere** gli EAN che ti servono per iniziare a vendere su Amazon, è necessario che tu ti iscriva all'organizzazione GS1 Italy, compilando un modulo e pagando i 300 Euro di iscrizione una tantum e i primi 95 Euro di canone annuo.

Terminata questa pratica otterrai finalmente il tuo **codice** che individua **univocamente** la tua **azienda** in qualità di produttrice dei tuoi articoli.

Tuttavia, si trovano online società che rivendono codici EAN a **prezzi** molto **bassi** e che ti evitano l'iscrizione al registro dei produttori. Sono aziende che hanno acquistato innumerevoli "**pacchetti**" di codici per poterli **rivendere** a loro volta, in modo ovviamente contro i regolamenti europei e di Amazon stesso. Sconsiglio vivamente questa pratica perché se Amazon dovesse **incrociare** i dati e vedere che quel determinato codice a barre non ti appartiene, **eliminerà** la tua pagina prodotto.

SELEZIONARE UN FORNITORE AFFIDABILE

Una volta trovato il prodotto che abbia superato tutti questi paletti, potrai iniziare a cercare il **fornitore**.

Per trovarlo ti consiglio di usare una directory chiamata **Alibaba**, dove la quasi totalità delle fabbriche cinesi espone i suoi prodotti.

Ci sono milioni di fabbriche su Alibaba, e molte di queste sono poco affidabili, per questo ti conviene filtrare per trovare il fornitore che fa più al tuo caso. Quindi una volta cercato il prodotto filtra per "**Verified Supplier**" e "**Trade Assurance**".

Il **Verified Supplier** è quella fabbrica che produce prodotti di qualità certificati da Alibaba stesso, e paga delle tasse per avere questo distintivo, quindi non è gestita da improvvisati.

La **Trade Assurance** è una garanzia in cui Alibaba fa da "**intermediario**" nella transazione, per cui se qualcosa non va bene con il tuo ordine al momento della consegna, potrai richiedere un risarcimento che è sempre assicurato. Di conseguenza, fai descrivere dettagliatamente dal fornitore il prodotto (anche con riferimenti alla scala Pantone per il colore), il packaging e soprattutto verifica che i tempi per la produzione nel contratto siano quelli stabiliti nei messaggi scambiati.

In sintesi, corri alla larga da fabbriche non sono da **almeno 3 anni Verified Supplier** o che accettano come metodo di pagamento solo **MoneyGram** o **WesternUnion**!

Inoltre prima di contattare una fabbrica ti conviene controllare il **Response Rate**, ovvero il tasso di risposta. Se questo è alto, significa che il fornitore risponde a quasi tutte email che gli arrivano, mentre se è basso è evidentemente poco attento al cliente.

Successivamente ti consiglio di andare a vedere il fatturato della fabbrica, disponibile nella "**Company Overview**" e anche il numero di **dipendenti**. Questo ti farà fare un'idea complessiva della grandezza e dell'**affidabilità** della fabbrica.

Infine controlla se il il fornitore in questione **esporta** spesso nel **mercato Europeo**, in modo tale da capire se questo è a conoscenza di tutto ciò a cui bisogna prestare attenzione per vendere nel vecchio continente.

IL PREZZO: Il prezzo che vedi nella pagina prodotto su Alibaba è molto **orientativo**, infatti questo dipende dal numero di unità che vai ad ordinare e dalle varie personalizzazioni che andrai a fare sul prodotto in modo da differenziarti dalla concorrenza, ma soprattutto **non include la spedizione.**

Ricorda inoltre di chiedere alla fabbrica delle **personalizzazioni** del tuo prodotto e fatti includere nel preventivo il costo dell'etichettamento con il codice a barre FNSKU.

SUGGERIMENTO IMPORANTE : Qualora non sei soddisfatto del prezzo che la fabbrica ti ha proposto, ti consiglio di farti un giro su **www.1688.com** , che sarebbe una sorta di Amazon cinese. Su questo sito potrai farti un'idea di quello che è il **reale prezzo di produzione** di quel determinato prodotto.

Considera che agli Europei vengono applicati dei tariffari maggiorati, per questo potrai cercare di trattare il preventivo inviando alla fabbrica uno **screenshot** del prezzo dello stesso prodotto in vendita su 1688. Un'altra strategia per trattare il prezzo, che magari a sentirla potrebbe sembrarti banale, è quella di promettere grandi quantità di ordini nel futuro, affermando che di essere un venditore con alti fatturati su Amazon e quindi stai facendo solo un ordine di prova, per testare la qualità insomma. Prova a scrivere che ordinerai più di 1000 o 2000 unità al mese, siccome il prodotto in questione sta vendendo molto bene e disponi di diversi Marketplace in cui metterlo in vendita.

Anche per quanto riguarda la **ricerca del fornitore** ho realizzato un **video** con molti altri **consigli**.

RICHIEDERE IL SAMPLE ED EVITARE INGANNI

Prima di far partire la produzione in massa, è fondamentale farti mandare dalla fabbrica un **campione** del prodotto che ti interessa. Molto raramente dovrai pagarli, rimane a tuo carico però la **spedizione**, che generalmente viene a fare sui 25-30$. Tuttavia, con anni di esperienza alle spalle mi sento di dirti di non fare molto affidamento sui sample, perché questi molto probabilmente sono quelli di migliore qualità che lo stabilimento disponga e potrebbe non rappresentare al 100% il prodotto che ordinerai in maggiori quantità. Per questo esaminiamo altre tipologie di sample.

CAMPIONI ODM E OEM - Un ODM (*Original Design Manufacturing*), è un prodotto basato sul **design** proposto dal **fornitore** sul quale viene apposto un tuo **marchio** personalizzato. Un OEM (*Original Equipment Manufacturing*), è invece un prodotto completamente **personalizzato**; ovvero che oltre al tuo logo contiene anche delle specifiche (design, colori, funzionalità, eccetera) particolari. Nel caso di un prodotto ODM o OEM è assolutamente **necessario** richiedere un **sample** per essere sicuri che il fornitore abbia capito esattamente il prodotto che ti serve.

CAMPIONI BATCH - Un campione batch è un'unità del prodotto realizzata durante la **produzione** in **massa** delle tue merci. I campioni batch sono realizzati con i materiali, i componenti e le specifiche con cui verranno realizzati i tuoi prodotti.

Per i campioni batch vale lo stesso **problema** di prima, in quanto il fornitore ti potrebbe mandare il miglior prodotto fino a quel momento, mentre la parte restante della produzione si trova in uno stato **disastroso**.

Per questo, ti consiglio al primo ordine di farti mandare una **quantità** relativamente **bassa** di articoli (100-200 pezzi), per fare tu stesso un **controllo qualità**, prima di mandare i prodotti al magazzino Amazon per la messa in vendita.

Se non vorrai occupartene tu, ci sono tante **società** che si occupano di **Quality Check** stesso in territorio cinese, ognuna delle quali specializzate nelle diverse categorie **merceologiche**. Se non sai come trovare una ditta che ti possa aiutare, cerca stesso su Alibaba "**Quality Check** + la **città** dove si trova la **fabbrica**". Nel caso in cui la fabbrica dovesse **rifiutarsi** di mandarti il campione, significa che ha qualcosa da **nascondere**.

Ordinare campioni da un fornitore che non rispetta i tuoi vincoli di prezzo o certificazione è una perdita di tempo e denaro perché, alla fine, sarai comunque costretto a **scartare** il fornitore.

Ci possono volere **settimane** per ricevere i campioni di fabbrica. Come ho già detto, è possibile che i campioni inviati da alcuni fornitori non **rispetteranno** le tue specifiche.

Quindi se vuoi essere sicuro di ultimare il processo di selezione entro poche settimane dovrai ordinare campioni da più fornitori **contemporaneamente**. Per risparmiare di spendere (circa) 30$ per ogni spedizione, ti consiglio di usare il servizio offerto da **TipTrans.com**, che consiste in una vera e propria casella postale in territorio cinese, in modo tale da **raccogliere** i sample provenienti dalle varie fabbriche e farteli spedire in un'**unica soluzione**.

ORGANIZZARE LA SPEDIZIONE

La strategia di spedizione che mi sento di consigliare di più all'inizio è quella di **non** far mandare i prodotti **direttamente al magazzino di Amazon**, facendoli passare prima per casa tua in modo da operare un **controllo qualità** e poi pagare un'altra consegna dal tuo indirizzo al magazzino di Amazon.

Ti sconsiglio altamente di affidarti al corriere delle fabbriche, siccome queste ultime sono molto propense a farti un preventivo molto alto in modo tale da **trarci** un ulteriore **guadagno**.

La soluzione migliore sono i **forwarder cinesi**, che si occuperanno della tua spedizione dal ritiro fino alla consegna (servizio door-to-door), aiutandoti anche nella procedura dello sdoganamento, senza chiedere una fortuna.

Per organizzare la logistica dei tuoi pacchi, devi prima di tutto imparare gli **INCOTERMS** (*INternational COmmerce TERMS*), ovvero degli acronimi che indicano fino a dove arrivano le **responsabilità** del fornitore. Di seguito ti spiego quelli **più utilizzati** con i fornitori su Alibaba.

EXW: Importare merce con questo Incoterm vuol dire prendersi la **responsabilità** del **trasporto** a partire dalla fabbrica fino al **luogo** di **consegna finale**. Questo significa che dovrai organizzare interamente tu o uno spedizioniere da te incaricato la spedizione, mentre la fabbrica, una volta terminata la produzione, metterà i tuoi pacchi nel suo magazzino in attesa del **ritiro**.

FCA: In questo caso, la fabbrica dovrà occuparsi del trasporto dei tuoi prodotti fino ad un **punto concordato**, che potrebbe essere un porto o un aeroporto, dove verranno consegnati ad un corriere da te incaricato. Tuttavia, la fabbrica dovrà coprire lo **sdoganamento** in **export**, mentre l'acquirente si dovrà assumerà da questo momento in poi le responsabilità dell'intero trasporto.

FOB: Rispetto ad "FCA", questo Incoterm è molto più largamente **utilizzato** dalle fabbriche cinesi e prevede che il venditore debba assumersi i costi della spedizione fino a **bordo della nave**.

DDP: È praticamente l'opposto dell'Incoterm "EXW", proprio perché in questo caso è la fabbrica che dovrà farsi carico delle spese e delle **procedure burocratiche** dal punto di partenza fino all'indirizzo di consegna. **A suo carico sono anche le responsabilità dello sdoganamento** (IVA all'importazione inclusa).
La quasi totalità dei fantomatici guru ti potrebbero aver indottrinato che DDP è il **miglior Incoterm** perché non dovrai occuparti di niente, ma purtroppo è pieno di **insidie**. La tua merce arriverà in Europa, dove verrà sdoganata in **paesi trampolino** a tassazione agevolata (o con ispettori doganali corrotti) da società molto spesso **fantasma** insieme a molti altri pacchi, in maniera tale da "eludere" i controlli e dichiarare una somma minore del loro reale valore di acquisto. Una volta superata questa barriera, la merce ti arriverà a casa come un normale pacco "**e-commerce**".

In più, non riceverai mai la famosa **"bolletta doganale"**, che equivale ad una prova che la merce sia entrata legalmente in Italia e non sia stata **"rubata"** o entrata **tramite questo trucchetto**, e quindi che tu abbia corrisposto l'**IVA**. Ricorda che la fattura della fabbrica cinese in Italia è carta straccia, conta solo la bolletta doganale che dovrai **consegnare al commercialista per scaricare l'IVA all'importazione** se sei nel regime ordinario, o comunque numerare e conservare per almeno 5 anni a causa dei **controlli** stringenti della GDF.

DAP: Con questo Incoterm la fabbrica dovrà farsi carico delle spese di spedizione fino ad un **punto concordato** (come potrebbe essere un grande porto o aeroporto italiano), dove la merce potrà essere ritirata da un secondo **corriere** che dovrà però curare lo **sdoganamento** della stessa. Ed è proprio questo l'Incoterm che ti consiglio di utilizzare per la spedizione, perché questo ti permette di avere un completo **controllo sulle modalità di sdoganamento**, in modo tale che questo avvenga con tutti i **crismi**.

Adesso ti chiederai: spedizione via aereo o via nave?

SPEDIZIONE VIA AEREO: Questo metodo di spedizione, come potrai ben immaginare, è molto **veloce**, ma sicuramente più **caro** del trasporto via mare. Questa tipologia di trasporto internazionale viene generalmente consigliata nel caso in cui si debba spedire merce ad **alto valore commerciale** che viaggia però con molta **urgenza**. Di fatti, per la consegna bastano dai **3 ai 6 giorni lavorativi**.

SPEDIZIONE VIA NAVE: Questo secondo metodo di trasporto merci è molto più **conveniente**, perché lo spazio all'interno
dei container è molto ed è venduto a **buon mercato**, però
risulta essere nettamente più **lento** rispetto a quello aereo a
causa dei **tempi di navigazione**.
È preferibile con merce di scarso valore e non facilmente **de-
peribile**. La consegna ci impiega mediamente dai 30 ai 40
giorni.

Per questo motivo, a meno che tu non abbia urgenza, **ti conviene la spedizione via nave.**

Se il tuo inventario sta finendo e non vuoi lasciare il magazzino a secco, la spedizione aerea sarebbe **preferibile**. Invece, se il tuo prodotto all'origine costa poco, potrebbe succedere che costi più il trasporto del prodotto stesso, in questa evenienza è meglio richiedere la spedizione via nave.

Anche per quanto riguarda il forwarder, ti consiglio di affidarti ad uno che già si sia occupato in passato di esportare in Europa, trovandolo con una semplice **ricerca su Alibaba.**

Una volta che la merce arriverà in Italia e sarà pronta per essere sdoganata, il corriere ti chiederà i seguenti documenti

- **lettera di vettura**;
- **fattura commerciale in inglese**;
- **dichiarazione di libera esportazione**;
- **packing list**, nel caso in cui il valore della spedizione supera le **5000 renminbi cinesi** (circa € 700).

A seconda del riferimento doganale della merce (codice armonizzato HS) che si vuole importare, potrebbero essere richieste delle certificazioni per sdoganare la merce, come ad esempio il certificato CE, il certificato di Origine o il Certificato Sanitario.

Per quanto riguarda la fattura, questa deve obbligatoriamente presentare le seguenti **informazioni:**

- **Informazioni di contatto del mittente e del destinatario della merce;**
- **Descrizione dettagliata del tipo di prodotto;**
- **Il relativo Codice Armonizzato HS;**

- Il numero di pezzi;
- Il valore per ogni unità e quello totale in valuta Euro;
- Paese di origine;
- Peso della merce (netto e lordo);
- Incoterm (DDP, DDU, etc.);
- Motivazione dell'importazione.

In modo da rendere più scorrevole lo sdoganamento della merce, consiglio sempre di riportare sulla fattura di acquisto il **Codice di Registrazione Doganale** del destinatario.

Il **codice HS (Harmonized System)**, non è altro che il sistema internazionale standardizzato per la classificazione di ogni tipologia di merce.

Per trovare quello giusto che meglio indica il tuo prodotto, vai sul sito dell'**Agenzia delle Dogane e dei Monopoli** ed entra nella sezione "**TARIC**".

Dopodiché dal menu in alto clicca su Nomenclature>Taric>Ricerca per parole chiave e trova esattamente il tuo prodotto leggendo le descrizioni.

Il codice è quello a sinistra, ed è generalmente composto da **otto cifre.**

Se vuoi controllare i dazi doganali e l'ammontare dell'IVA all'importazione, clicca su "**Misure di Importazione**" e dal menu a tendina seleziona il paese di origine.

La tariffa doganale si **calcola** così:

[(Costo dei Beni+ Spese Spedizione) + Dazio] + IVA

LA COMUNICAZIONE CON IL FORNITORE

Quando scrivi la prima e-mail alla fabbrica, cerca di sembrare il più **professionale** e **preciso** possibile, facendo notare alla fabbrica che hai già in mente il prodotto che cerchi, inserendo quindi il **maggior numero di dettagli possibile.**

Ricordati di inserire le seguenti informazioni:
- **Numero di unità richieste;**
- **Certificazioni necessarie** (se sono richieste per vendere il tuo prodotto)
- **Dimensioni del prodotto;**
- **Tipo di Packaging;**
- **Richiedere il costo dell'etichettamento** (Deve essere al di sotto di 15 Centesimi al pezzo, altrimenti ti conviene farlo fare da Amazon).

- Informazioni sulla personalizzazione del tuo prodotto e bundling.

Un esempio di una e-mail completa è il seguente:

"Good Morning, my name is (ILTUONOME), the sales manager from (NOME DELLA TUA AZIENDA) , an italian engaged in online trading since 2014. My boss instructed me to source a new product to add to our catalog, as a consequence we are looking for a long term cooperation with a reliable and assessed supplier. We are interested in your (NOME DEL TUO PRODOTTO E SPECIFICHE TECNICHE, COLORE E DIMENSIONI).
By the way, I have a few questions for you:
1.Can you give us your best EXW quote for (NUMERO DI PEZZI) units?
2.Do your product have a certification?
3.What would be the production time?
4.How much will cost us the labelling for each unit?
5.Do you accept Alibaba Trade Assurance for the payment?
6.Can you print on the packaging the logo of my brand? (Allega il tuo logo e spiega bene cosa intendi fare)
Our aim is to build up a long term cooperation with your factory and place bigger orders in the next months.
Best Regards

Ma quanti pezzi devo ordinare?

Dipende dal tuo **budget** iniziale, ma a mio parere anche dal costo della spedizione. Se il tuo articolo costa poco, tipo 2-3 euro al pezzo, ti conviene ordinare almeno **500 pezzi** per

ammortizzare il costo della spedizione che è generalmente la voce più onerosa del bilancio.

Al contrario se invece il tuo prodotto costa di più, è comunque meglio piazzare un primo ordine da **300-400 unità. Per questo se sei all'inizio e non hai un budget elevato, ti conviene partire da un prodotto economico.** Quando già avrai avviato il tuo business ed avrai capito quanti pezzi vendi al mese, potrai ordinare **periodicamente** un certo numero di pezzi.

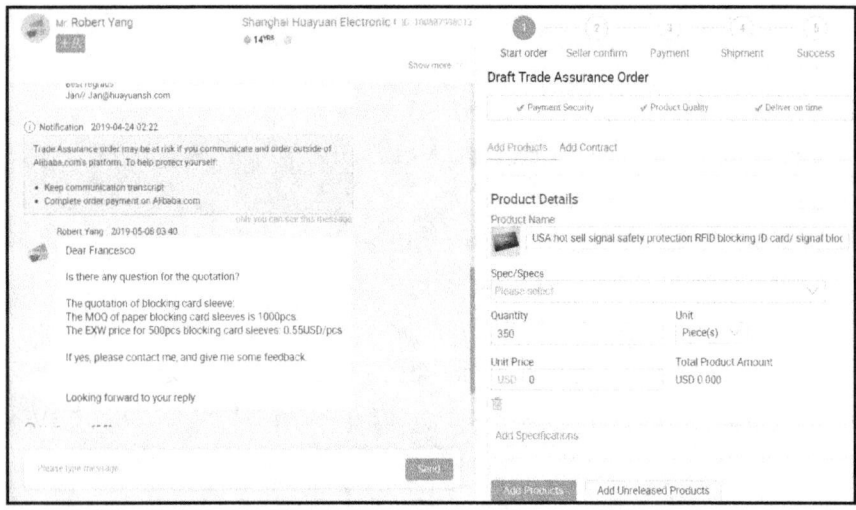

Sopra trovi uno screenshot del potale di **messagistica** di Alibaba. A sinistra vedi la **chat** con il fornitore, mentre a destra i **dettagli** da inserire per piazzare un **ordine**. Ad ogni modo, è meglio far compilare questi campi al fornitore richiedendo il "**payment link**", che ti rimanderà alla pagina di Alibaba per completare il **pagamento** via carta di credito o bonifico bancario.

LE CERTIFICAZIONI NECESSARIE

Per importare un prodotto in Italia e nella comunità Europea, sono necessarie diverse **certificazioni** che non sono presenti in Cina. Essendo tu l'importatore dovrai assumerti la **responsabilità al 100%** del prodotto che metterai in vendita, per questo ti occorre informarti fin da subito su quali siano le **certificazioni** necessarie, e successivamente chiedere al fornitore se il prodotto in questione ha già **passato** questi **test** di sicurezza, altrimenti non potrai assolutamente **importarlo**.

La **marcatura CE**, indica che il prodotto risponde ai requisiti della Comunità Europea in materia di sicurezza, salute e protezione ambientale.

Questa marchiatura **non** è però **necessaria** per tutti i prodotti, ma solo per quelli che la **prevedono**, come ad esempio i giocattoli per bambini o tutti i prodotti elettronici. Ricorda che le certificazioni che hanno le fabbriche hanno valore 0 all'interno dell'Unione Europea, quindi dovrai provvedere ad acquisire una certificazione per conto tuo, a meno che la tua fabbrica abbia una sede in territorio Europeo.

Un servizio molto affidabile è quello di **Intertek** che saprà fornirti tutte le informazioni sui **test qualitativi** disponibili prodotto per prodotto.

LA CREAZIONE DELL'ACCOUNT VENDITORE

Per aprire un account Amazon è necessario:
- il documento di identità di chi sta aprendo l'account;
- IBAN intestato alla stessa persona/società;
- Carta di credito intestata alla stessa persona/società;
- Indirizzo Email;
- Numero di Telefono;
- PARTITA IVA.

È importantissimo selezionare l'autenticazione a 2 fattori, in modo tale che nessuno possa entrare nel tuo account **senza permesso**. Amazon in futuro ti chiederà diversi documenti per verificare l'autenticità dei dati personali che hai inserito.

Esistono due tipi di piani di vendita su Amazon: Base e Pro.

BASE (o individuale): Con questo piano hai un volume di vendita di 40 articoli al mese e commissioni direttamente legate ai volumi, nello specifico così calcolate: **0,99 Euro ad articolo venduto** cui va aggiunta una percentuale del prezzo di vendita (inclusa l'eventuale spedizione), che cambia da categoria a categoria.

PRO: Con l'account pro avrai un volume di vendita illimitato, al prezzo di 39 euro al mese. In questo caso, per ogni articolo venduto ti verrà addebitata la percentuale sul valore finale, che cambia sempre da categoria a categoria.

Entrambi i tipi di account permettono di **accedere** al servizio di **logistica** di Amazon, però solo con Pro potrai spedire al loro magazzino **prodotti nuovi** sul catalogo.

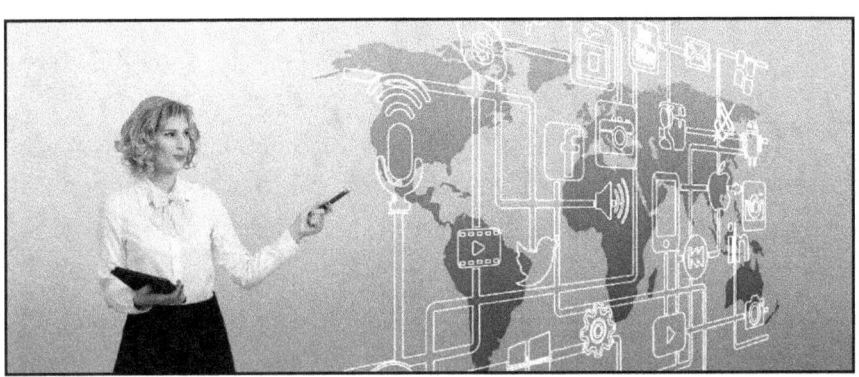

Il mio consiglio è quello di iniziare a creare un account base, in modo da familiarizzare con la back-office per poi passare al piano Pro quando sarai pronto ad ordinare il tuo prodotto dalla Cina.

Di seguito ti riassumo la piattaforma SellerCentral così che tu non possa perderti una volta creato l'account.

Menu principale: Nel menu principale trovi le seguenti sezioni:

- **CATALOGO** - Dove poter aggiungere e modificare i prodotti
- **INVENTARIO** - Dove poter gestire l'inventario dei tuoi prodotti
- **PREZZI** - Dove gestire i prezzi
- **ORDINI** - Dove gestire i tuoi ordini
- **PUBBLICITÀ** - Dove poter attivare campagne promozionali sui prodotti in vendita

- **VETRINA** - Dove gestire gli Store personalizzati dei tuoi Brand
- **REPORT** - Dove avere informazioni rispetto a Pagamenti, Resi, Fiscalità, logistica Amazon
- **PERFORMANCE** - Dove monitorare le performance del tuo account

Notifiche sulle performance: Quando si accende, significa che hai ricevuto una notifica da Amazon in merito alle performance del tuo account o a modifiche importanti sui prodotti.

Richieste di reso: Da qui potrai gestire le richieste di reso ricevute dai clienti (accettare, rifiutare, rimborsare).

Performance: Da qui puoi vedere se hai ricevuto messaggi dai clienti o reclami. Nel caso dei messaggi, sappi che hai 24h di tempo per confermarne la lettura ad Amazon, dopodichè il tuo account subirà un'ammonizione che inciderà sulle performance dei tempi di risposta agli acquirenti.

Per semplificarti la vita quando non puoi essere in ufficio, ti suggerisco di installare sul tuo smartphone l'App "Amazon-Seller".

Feedback: Per monitorare i feedback ricevuti, rispondere e in caso sia necessario fare reclamo.

Messaggi: Dove gestire i messaggi scambiati con i clienti.

Aiuto: Dove poter accedere al manuale o in caso sia necessario aprire un ticket di assistenza.

Impostazioni: Alla voce impostazioni trovi un menu a tendina con:

- **INFORMAZIONI SULL'ACCOUNT** - Dati aziendali, collegamenti bancari, attivazione shop, informazioni sul venditore, impostazioni per spedizioni e resi...

- **PREFERENZE SULLE NOTIFICHE** - Dove gestire le notifiche
- **IMPOSTAZIONI D'ACCESSO** - Dove gestire username e password
- **IMPOSTAZIONI RESI** - Dove gestire le impostazioni per i resi (sappi che le tue condizioni di reso, non possono mai essere "peggiori" di quelle offerte da Amazon)
- **OPZIONI REGALO** - Dove gestire le opzioni regalo (messaggi di auguri o confezioni regalo)
- **IMPOSTAZIONI DI SPEDIZIONE** - Dove configurare i tuoi pacchetti di spedizione da assegnare poi alle tue offerte.
- **AUTORIZZAZIONI UTENTE** - Dove gestire i privilegi di accesso al tuo account
- **LE TUE INFORMAZIONI E CONDIZIONI** - Dove personalizzare le pagine del tuo account con informazioni aziendali e condizioni di vendita
- **LOGISTICA DI AMAZON** - Dove gestire le tue impostazioni di FBA se necessario.
- **Registro casi**: Quando apri un ticket di assistenza, questo verrà denominato "caso" e potrai monitorare lo scambio di messaggi e informazioni con Amazon dal tuo "Registro casi".

LE TARIFFE DI AMAZON FBA

Grazie ad FBA avrai accesso alle **migliori tariffe** per spedire i tuoi ordini ed imballarli. Logicamente questi costi dipenderanno dal **peso** e dalle **dimensioni** del tuo prodotto, così come dalla **destinazione** del pacco.

		DE					**Spedizione internazionale** (Rete logistica europea) da:	
	UK	**DE/PL/CZ**	**Solo DE**	**FR**	**IT**	**ES**	**Venduto su Amazon.co.uk**	**non-UK¹**
Lettera piccola:		Regno Unito: 8 g, dimensioni ≤ 23 x 15,5 x 0,4 cm (applicabile solo ai prodotti sotto GBP 9, IVA inclusa) Germania: 8 g, dimensioni ≤ 21,5 x 10,5 x 0,6 cm (applicabile solo ai prodotti sotto EUR 10, IVA inclusa)						
≤ 0.1kg	£ 0,60							
≤ 0.05kg			€ 1,10					
Lettera grande:		Regno Unito: 25 g, dimensioni ≤ 30 x 22 x 2,4 cm (applicabile solo ai prodotti fino a 9 GBP, IVA inclusa) Germania: 25 g, dimensioni ≤ 33,5 x 23 x 2,8 cm (applicabile solo ai prodotti fino a 10 EUR, IVA inclusa)						
≤ 0.25kg	£ 0,80		€ 1,35					
Lettera molto grande:		Germania: 25 g, dimensioni ≤ 33,5 x 23 x 4,6 cm (applicabile solo a prodotti fino a 10 EUR, IVA inclusa)						
≤ 0.25kg			€ 1,70					
Busta piccola:		20 g, dimensioni ≤ 20 x 15 x 1 cm						
≤ 0.1kg	£ 1,34	€ 1,64	€ 2,14	€ 2,11	€ 2,55	€ 2,07	£ 2,87	€ 3,23
Busta standard:		40 g, dimensioni ≤ 33 x 23 x 2,5 cm						
≤ 0.1kg	£ 1,47	€ 1,81	€ 2,31	€ 2,24	€ 2,64	€ 2,40	£ 2,94	€ 3,31
≤ 0.25kg	£ 1,62	€ 1,82	€ 2,32	€ 2,83	€ 2,89	€ 2,61	£ 3,25	€ 3,66
≤ 0.5kg	£ 1,72	€ 1,95	€ 2,45	€ 3,47	€ 3,14	€ 2,82	£ 3,34	€ 3,76
Busta grande:		40 g, dimensioni ≤ 33 x 23 x 6 cm						
≤ 1kg	£ 1,97	€ 2,34	€ 2,84	€ 4,15	€ 3,39	€ 2,93	£ 3,69	€ 4,15
Pacco standard:		100 g, dimensioni ≤ 45 x 34 x 26 cm						
≤ 0.25kg	£ 1,98	€ 2,39	€ 2,89	€ 4,39	€ 3,52	€ 2,76	£ 3,90	€ 4,39
≤ 0.5kg	£ 2,09	€ 2,50	€ 3,00	€ 4,98	€ 3,78	€ 3,19	£ 4,43	€ 4,98
≤ 1kg	£ 2,17	€ 3,08	€ 3,58	€ 5,05	€ 4,41	€ 3,41	£ 5,76	€ 6,48
≤ 1.5kg	£ 2,31	€ 3,62	€ 4,12	€ 5,16	€ 4,75	€ 3,82	£ 6,27	€ 7,05
≤ 2kg	£ 2,53	€ 3,66	€ 4,16	€ 5,27	€ 4,96	€ 3,88	£ 7,42	€ 8,35
≤ 3kg	£ 3,61	€ 4,34	€ 4,84	€ 6,52	€ 5,39	€ 4,41	£ 7,52	€ 8,46
≤ 4kg	£ 3,61	€ 4,36	€ 4,86	€ 6,54	€ 5,92	€ 4,85	£ 8,61	€ 9,68
≤ 5kg	£ 3,71	€ 4,37	€ 4,87	€ 6,54	€ 6,16	€ 5,16	£ 9,04	€ 10,17
≤ 6kg	£ 3,76	€ 4,70	€ 5,20	€ 6,65	€ 6,26	€ 5,25	£ 9,25	€ 10,40
≤ 7kg	£ 3,76	€ 4,70	€ 5,20	€ 6,65	€ 6,26	€ 5,25	£ 9,25	€ 10,40
≤ 8kg	£ 3,85	€ 4,83	€ 5,33	€ 6,82	€ 6,46	€ 5,38	£ 10,14	€ 11,40
≤ 9kg	£ 3,85	€ 4,83	€ 5,33	€ 6,82	€ 6,48	€ 5,38	£ 10,40	€ 11,69
≤ 10kg	£ 3,85	€ 4,83	€ 5,33	€ 6,82	€ 6,62	€ 5,38	£ 10,82	€ 12,17
≤ 11kg	£ 3,86	€ 4,99	€ 5,49	€ 6,86	€ 6,62	€ 5,38	£ 10,82	€ 12,17
≤ 12kg	£ 4,00	€ 5,00	€ 5,50	€ 6,87	€ 6,63	€ 5,39	£ 10,82	€ 12,17

I magazzini di Amazon mettono a disposizione una serie di **servizi aggiuntivi** che ci potranno essere molti utili:

3. Servizi opzionali	
Servizio	**Costo per unità**
Rimozione	€ 0,25/£ 0,60
Smaltimento	€ 0,10/£ 0,20
Servizio di etichettatura	€ 0,15/£ 0,15
Insacchettamento	€ 0,45/£ 0,25
Pluriball	€ 0,70/£ 0,40
Nastro adesivo	€ 0,20/£ 0,10
Sacchetti opachi	€ 0,90/£ 0,50

Amazon può inoltre ti offre il servizio di **preparazione** completa per ogni prodotto che spedisci al loro magazzino, nel caso in cui non vuoi farlo fare **dalla fabbrica** cinese.

Tariffa per unità	Dimensione standard			Fuori misura		
Categoria di preparazione	Preparazione	Etichettatura	Totale	Preparazione	Etichettatura	Totale
Fragile/Vetro • Pluriball • Etichettatura	€ 0,70	€ 0,15	€ 0,85	€ 1,40	€ 0,15	€ 1,55
Liquidi • Imballaggio in sacchetti • Etichettatura	€ 0,45	€ 0,15*	€ 0,45 - € 0,60	€ 0,90	€ 0,15*	€ 0,90 - € 1,05
Abiti, tessuto, felpe e materiali tessili • Imballaggio in sacchetti • Etichettatura	€ 0,45	€ 0,15*	€ 0,45 - € 0,60	€ 0,90	€ 0,15*	€ 0,90 - € 1,05
Prima infanzia • Imballaggio in sacchetti • Etichettatura	€ 0,45	€ 0,15*	€ 0,45 - € 0,60	€ 0,90	€ 0,15*	€ 0,90 - € 1,05
Prodotti piccoli • Imballaggio in sacchetti • Etichettatura	€ 0,45	€ 0,15*	€ 0,60	N/D	N/D	N/D
Prodotti per adulti • Imballaggio in sacchetti (nero o opaco) • Etichettatura	€ 0,90	€ 0,15*	€ 1,05	€ 1,80	€ 0,15*	€ 1,95

Come ti ho anticipato, Amazon ti addebita ogni mese le tariffe di **stoccaggio** in base alla **giacenza** media in metri cubi della tua merce nei loro magazzini. Sono **26 euro** al metro cubo da gennaio a settembre e **36 euro** al metro cubo da ottobre a dicembre (sempre da considerarsi **IVA esclusa**).

Attenzione perché esistono delle tariffe di **stoccaggio** a **lungo termine** che ti verranno addebitate. Ai prodotti presenti nei centri logistici Amazon da più di 365 giorni verrà applicata una tariffa di **170 Euro** a metro cubo o una tariffa minima di 0,10 Euro ad unità. Per i report Stato dell'inventario e **Report rimozioni consigliate**, clicca su **Logistica di Amazon** nella scheda **Report**: Amazon ti dirà l'inventario che sarebbe meglio **rimuovere**, e successivamente, se vuoi, **rispedire** in magazzino.

Amazon prende questa misura per non far **rimanere merce ferma in magazzino** e lasciare spazio ai prodotti che vendono più velocemente.

CREARE UNA PAGINA PRODOTTO CHE CONVERTE

Adesso che hai scelto il prodotto da vendere, devi procedere a creare la pagina prodotto. *Considera questa come la parte più importante di tutto il processo di vendita.* Lo scopo della pagina prodotto è quello di convincere il visitatore ad acquistare, per questo devi preparare una pagina prodotto di qualità.

Questa è la scaletta dei compiti che dovrai portare a termine:

- Ricercare le keyword;
- Creare il titolo;
- Scrivere l'elenco puntato;
- Scrivere la descrizione;
- Preparare le foto del prodotto;
- Scegliere il prezzo;
- Inserire il codice a barre;
- Inserire le parole chiave nel back-end.

RICERCA DELLE KEYWORD: Quando cerchiamo un prodotto su Amazon, tendenzialmente utilizziamo delle parole chiave che ci sono venute in mente. Quello che deve fare il venditore è **entrare nella testa di un potenziale acquirente**, per pensare in quanti modi il cliente **può descrivere il prodotto che sta cercando**. Questo significa che il tuo articolo deve essere trovato con **tantissime combinazioni** di parole chiave.

Per trovare tutte queste keyword ti consiglio di usare i tool Magnet e Cerebro all'interno della suite Helium10.

Trova i 2 prodotti simili al tuo che stanno **vendendo di più** ed inserisci i loro **ASIN** all'interno di Cerebro, dopodiché esporta le parole chiave nel formato CSV. Successivamente trova la parola chiave che descrive al meglio il tuo prodotto ed inseriscila in **Magnet**, che troverà tutte le **keywords similari**, e scarica anche questo **report** in **CSV**.

Successivamente incolla tutti e due i report in uno solo con **Google Fogli** e ordina le parole chiave **per volume di ricerca (Search Volume)**. Elimina quelle che non hanno a che vedere con il tuo prodotto ed avrai creato la tua **KeywordMasterlist**. **Per aiutarti, ho montato un video per spiegarti il procedimento dettagliatamente!**

FOTOGRAFIE: La fotografia principale è il **biglietto da visita del nostro articolo**. La foto principale deve essere in sfondo bianco, mentre tutte le altre 8 potranno essere anche foto emozionali, con il prodotto in utilizzo. Attenzione, perché solo le prime 7 foto verranno visualizzate nell'app Amazon, mentre le ultime 2 solo se si clicca su una foto qualsiasi dal sito desktop.

La risoluzione delle foto deve essere di almeno **1000x1000 pixel**, e quello che ti consiglio è di modificarle in modo da renderle di misura quadrata, perchè in questo modo il tuo prodotto si vedrà più grande sullo schermo.

Come avrai potuto capire, con una foto di **bassa qualità** trasmetti l'idea di un prodotto **evitabile**.

Per questo sarebbe meglio affidare il tuo prodotto ad un fotografo **professionista** che prepari al posto tuo le foto e crei delle infografiche attraenti.

TITOLO: Lo scopo del titolo è **attrarre** il maggior numero di utenti possibile. Dovrai inserire nel titolo le parole chiave della tua **KeywordMasterList** in ordine di volumi di ricerca, ricordandoti di non superare i 200 caratteri e mantenere le frasi presenti nelle keywords. All'interno del titolo non puoi usare HTML, inserire caratteri speciali, scrivere tutto in stampatello o inserire coupon o scritte come "**OFFERTA**" o "**SCONTO**". Ti consiglio piuttosto di inserire delle informazioni opzionali oltre alle parole chiave come "**Materiale Premium**" o "Ultra Resistenti" così come "**100% Certificato**". E' fondamentale inserire nel titolo il **nome del marchio** e separare le varie keywords con alcuni segni stilistici come – o | . Eccoti un buon esempio della Anker, azienda che notoriamente crea pagine prodotto davvero perfette: **Anker Power Bank Batteria Portatile USB PowerCore 10000 - Caricabatteria Portatile da 10000mAh Ultra Compatta - Batteria Esterna Power Bank Alta capacità per Huawei, Samsung, iPhone, ASUS, LG e Altri**

ELENCO PUNTATO: Gli elenchi puntati descrivono le caratteristiche più rilevanti ed i **vantaggi** che il cliente ottiene usando il tuo prodotto. Mettiti nei panni del cliente: negli elenchi cerca di risolvere tutti i **dubbi** che un potenziale acquirente ha prima di acquistare il tuo prodotto.
L'elenco puntato è probabilmente molto più importante della descrizione dell'articolo, in quanto **è di primo impatto su**

cliente e molte persone non scorrono nemmeno la pagina per visualizzare la seconda. Per questo, per catturare la vista del cliente, sarebbe meglio partire con un **segno stilistico** (come un'emoji) ed un paio di parole in stampatello.

Ricordatati di non scrivere troppe poche informazioni nell'elenco puntato e di **inserire tutti e 5 i "bullet point"**, creando un punto sul materiale dell'articolo ed un punto sulla **garanzia** che offri. Sparpaglia nei bullet point alcune delle altre parole chiave della tua KeywordMasterlist che non sei riuscito ad inserire nel titolo, tutto questo aiutandoti con Scribbles di Helium10.

DESCRIZIONE: La descrizione serve ad **estendere** ancora di più le **informazioni** che vuoi fornire al cliente circa il tuo prodotto. L'obiettivo che devi avere in testa è di presentare ai tuoi potenziali clienti tutte quelle **caratteristiche** e quei **vantaggi** che il tuo prodotto ha ed i concorrenti non hanno, cercando di risolvere allo stesso tempo diversi problemi della vita quotidiana dei tuoi acquirenti. Se il tuo prodotto è elettronico, da cliente troverei utilissimo una **scheda tecnica**. Per scrivere la descrizione potrai usare l'**HTML**, quindi potrai **formattarla come desideri**, creando paragrafi, usando il grassetto ed andando a capo. Non potrai comunque usare il corsivo, impostare il colore del testo e la centratura del carattere. Per creare la tua descrizione in HTML senza conoscere un briciolo di **coding**, ci sono diversi **strumenti** online davvero interessanti che fanno al caso tuo.

Il migliore è: www.html-online.com/editor

ATTENZIONE – Non puoi inserire foto nella descrizione del tuo articolo a meno che non possiedi un marchio registrato. In questo caso potrai avere accesso ad una funzione di Amazon che ti permette di creare **descrizioni A+.**

Si stima che le pagine A+ possano avere un impatto tra il 5% e il 20% in positivo sulle vendite, siccome potrai inserire oltre alle foto dei grafici, tabelle, testi e video. Vedremo più avanti come registrare un marchio aziendale.

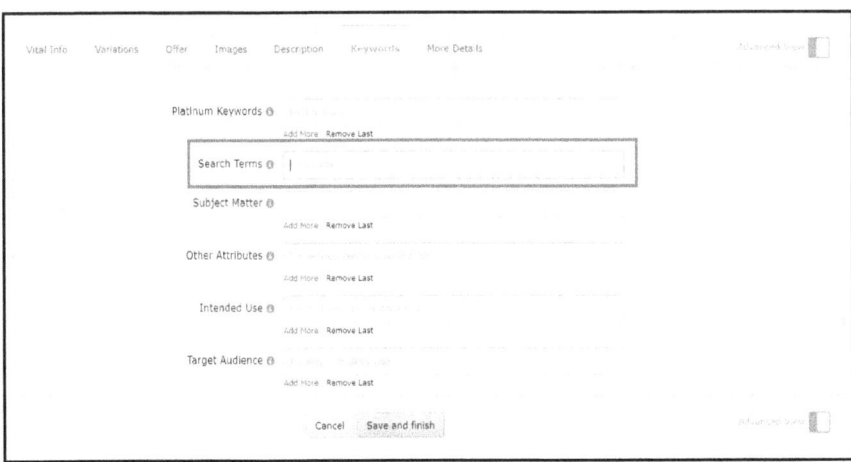

KEYWORD DEL BACK END: Sono tutte quelle parole chiave che non compaiono nel titolo, nell'elenco puntato e nella descrizione, ma vogliamo che ci siano, in modo da far comparire il nostro articolo per quei termini di ricerca. Copia ed incolla qui le rimanenti parole chiave dalla tua KeywordMastelist. Tutte queste keyword **devono essere legate al tuo prodotto**, quindi non inserire, ad esempio, "cotone" se la vendi una coperta in lana. Dovrai inserire tutte queste parole in uno spazio di **250 caratteri**, quindi serve fare una buona selezione anche in base al volume di ricerca (numero di ricerche mensili).

Per verificare che il tuo prodotto venga indicizzato per quella determinata keyword, basta scrivere nella barra di ricerca Amazon l'ASIN del tuo prodotto seguito da un + e la keyword su cui stai indagando.

PREZZO: Su Amazon la prima regola è essere **competitivi**, quindi non pensare di fissare un prezzo troppo più alto rispetto ai tuoi competitors e di generare lo stesso vendite.

All'inizio ti consiglierei di puntare al **pareggio** tra **ricavi** e **costi** per creare uno storico vendite, se riesci ad essere più economico dei tuoi concorrenti ancora meglio.

Attenzione però a impostare un prezzo di vendita molto **basso**. In questo caso un potenziale cliente potrebbe pensare che il prezzo basso sia dovuto ad una **scarsa qualità** del prodotto, per questo ti conviene capire a quanto realmente il tuo prodotto **può essere venduto** rispetto a quello dei competitori.

CODICE A BARRE: Il codice a barre che dovrai inserire nell'inserzione è l'**EAN** di cui ti ho già parlato in precedenza. Questo codice EAN andrà inserito nelle "informazioni essenziali" ed è ovviamente **univoco**, non potrai usare lo stesso codice per più pagine prodotto

LA SPEDIZIONE AL MAGAZZINO

Come ti ho spiegato in precedenza, una tappa fondamentale per vendere su FBA è la **spedizione** della merce al magazzino di Amazon. Il consiglio che mi sento di darti è di NON far spedire i prodotti provenienti dalla fabbrica **direttamente** al centro di distribuzione Amazon.

Non avendo un controllo diretto, non potrai verificare la qualità dei prodotti ed eliminarne qualcuno che **non ritieni vendibile**, a meno che non deleghi una società di Quality Check che se ne occupi in Cina. Per come la vedo io, almeno per il primo ordine, **cerca di avere un controllo diretto sulla merce**, e quando riterrai la fabbrica molto affidabile, fai spedire i prodotti **direttamente** in magazzino FBA.
Per creare la spedizione basta andare in **Seller Central**, selezionare l'articolo che vuoi mandare e dal menu a tendina clicca su "**Rifornisci Inventario**".

Quindi Amazon ti chiederà le seguenti informazioni:

- **Numero di unità che vuoi mandare;**
- **Dimensioni di ciascun unità;**
- **Quanti pacchi stai mandando e quante unità ci sono in ciascun pacco;**
- **Dimensioni e peso di ciascun pacco;**
- **Indirizzo del Mittente** (se è la fabbrica, dovrete mettere l'indirizzo della fabbrica cinese appunto);

In seguito, ti verrà chiesto se vuoi usufruire della **preparazione** del prodotto da parte di Amazon, ma ti suggerisco di delegare questo lavoro alla fabbrica cinese che lo farà ad un prezzo molto più economico.

È importante che ciascun articolo che mandi ad Amazon abbia il codice a barre **FNSKU**, quindi Seller Central ti genererà un **PDF** con tanti FNSKU quanti sono i prodotti che stai mandando, a meno che tu non faccia fare questo **lavoro** ad **Amazon** per 15 centesimi al pezzo.

Una volta che avrai inserito tutte le informazioni, Seller Central ti farà stampare una **etichetta** da mettere su ciascun pacco che verrà spedito da Amazon, senza la quale questo **non potrà entrare** all'interno del centro di distribuzione.

Logistica di Amazon   Pacco n°1 di 1 - 3kg

MITTENTE:

DESTINATARIO:
Importatore:
Amazon Fulfillment Center
Strada Dogana Po, 2U
29015 Castel San Giovanni (PC)
Italia

spedizione libri

FBA15C4JR8H9U000001

SKU misti
Supporti multimediali

MANTIENI VISIBILE QUESTA ETICHETTA

Quindi dovrai **mandare** anche questa etichetta al fornitore, oltre al PDF con i codici a barre da far attaccare su ogni unità, sempre se fai spedire la merce dalla Cina direttamente al magazzino Amazon.

Se invece il mittente è all'interno del territorio italiano, potrai selezionare il corriere **UPS** che ti fornirà un'etichetta di spedizione ad un prezzo molto competitivo. Sarà tua cura **prenotare il ritiro** al tuo indirizzo dal sito del corriere, inserendo il codice tracking presente sull'etichetta di spedizione stampata da Amazon oppure chiamando il call-center UPS.

IL LANCIO DEL PRODOTTO

Il lancio del prodotto è la **fase successiva** all'effettiva **disponibilità** del tuo prodotto nel magazzino di Amazon. Adesso fermiamoci e pensiamo: *quando voglio comprare un prodotto su Amazon, compro quello che sta a pagina 1 o quello che sta a pagina 4 o 5?* Bene, il tuo obiettivo con il lancio sarà proprio quello di far arrivare il tuo articolo **in cima alla prima pagina** per quel determinato termine di ricerca, in modo tale da farlo diventare il prodotto più venduto. Considera che se il tuo prodotto è a pagina due avrai perso il 90% dei potenziali clienti.

Quindi ti chiederai, *come posso arrivare in prima pagina?*

È **l'algoritmo A9** di Amazon che stabilisce l'ordine con il quale i prodotti vengono visualizzati, e li dispone secondo un numero di vendite decrescente, quindi disporrà per primi quelli che generano **più vendite**, e di conseguenza più guadagni ad Amazon stesso, e via via quelli **meno venduti**.
Quindi se per "cuffie sportive" **fai più vendite** di tutti gli altri competitors, sarà il tuo prodotto ad uscire per **primo** in prima pagina, inserzioni sponsorizzate a parte.
In buona sostanza, per iniziare a vendere bene **dovresti aver generato altre vendite in precedenze**, ed a questo ti servirà un **giveaway**.

Il **giveaway** è la distribuzione di codici sconto dall'85% al 95% a tutte quelle persone che vogliono acquistare ad un prezzo praticamente regalato il tuo prodotto.

Per creare un Giveaway il miglior sito è **Viral Launch**, che per 50 dollari distribuirà i coupon per te su una piattaforma chiamata **Elite Deal Club**. Inoltre in questo costo avrai a disposizione un coach che ti consiglierà per quale parola chiave salire di classifica e quante unità regalare. Avrai anche una garanzia da parte di **Viral Launch**: se non arriverai a pagina uno nonostante l'aver seguito i loro consigli, ti **rimborseranno** i 50 dollari.

Considera che ogni unità regalata ti costa: precisamente pagherai il prezzo della **spedizione** più ovviamente il costo di ogni prodotto **all'origine**.

Quindi se dovrai regalare **100 unità**, e per ogni unità Amazon ti fa pagare 4 euro di spedizione e il prodotto ti costa 2 euro, pagherai (4+2)x100 unità, più il costo di Viral Launch (50 Dollari = 44 Euro), quindi in totale il giveaway ti costerà **644 Euro**.

Per questo quando vai a scegliere il prodotto da mettere in vendita , dovrai considerare che se ti viene a costare 10 euro uscito dalla fabbrica, il **costo** del giveaway sarà molto **alto**.

L'indicizzazione dei prodotti su Amazon, come detto in precedenza, **funziona sempre per parola chiave**. Decidi quindi la parola chiave da lanciare in base ad un mix tra: **numero di giveaways necessari, volume di ricerca** e **numero di prodotti competitors**. Per fare questa scelta, riapri la tua **KeywordMasterList** e vedi per ogni parola chiave a quanto ammonta il valore nella colonna chiamata **"CPR 8-Days Giveaways"** che sarebbe il numero di giveaway da fare nell'arco di

8 giorni per ottenere, molto spesso ma non sempre, la tanto ambita etichetta **Amazon Choice** (sempre se le recensioni hanno una media maggiore a 4.5 stelle).

La parola chiave da lanciare non deve avere molti prodotti competitors, e ASIN sponsorizzati, ovvero quelli con campagna Pay per Click attiva, altrimenti avrai la **strada minata verso la prima pagina.** Anche i volumi di ricerca devono essere piuttosto alti, mica vorrai mandare il tuo prodotto in prima pagina per una **keyword che nessuno cerca?** Se appunto la keyword è cercata e sei in **prima pagina,** farai partire il **volano** delle vendite organiche, ovvero quelle fatte da **clienti veri** che trovano il tuo prodotto e lo pagano a **prezzo intero.**

KEYWORD	Search Volume	Sponsored ASINs	Competing Products	CPR 8-Day Giveaways
occhialini da piscina	3179	61	6000	96
occhialini nuoto	1349	60	20000	40
occhiali polarizzati	962	0	90000	32
occhialini svedesi	902	27	740	24
occhialini piscina	709	44	6000	24
occhialini da piscina bambini	658	42	3000	16
occhialini arena	615	47	1000	16

Questi sono i primi risultati della KeywordMasterlist per degli **occhialini da nuoto,** e dopo un'attenta analisi puoi ben capire che la keyword con il giusto **compromesso** di competizione e ricerche che utilizzerei per un lancio è certamente "occhialini da piscina".

Ad oggi che sto dando alla quinta ristampa il libro, questa è la migliore strategia per arrivare in prima pagina su Amazon ed è la stessa che tutt'ora usano la mia azienda e quelle partner gestite dai miei soci anche per raggiungere l'ambita etichetta arancione "Più venduto".

Se invece non vuoi praticamente regalare il tuo prodotto con uno sconto del 90%, puoi andare a **ROI** (rientro dell'investimento) distribuendo su Facebook dei Coupon con la percentuale di sconto che corrisponde al tuo margine sulla vendita. Per far questo, dovrai creare una landing page con **AmzPromoter** (che offre 14 giorni di prova gratuita), semplicemente inserendo l'ASIN del tuo articolo, il **Super-Url** (tra poco vedremo cos'è), ed incollando i codici sconto. Una volta pronta, la tua landing page va sponsorizzata creando una campagna pubblicitaria Facebook. Per semplificarti l'opera ho creato un video anche per spiegarti il funzionamento di AmzPromoter!

IL SUPER URL - Non ti ho spiegato però cos'è il Super-URL !
È un link che contiene al suo interno la parola chiave, in modo tale da **migliorare** il tuo **posizionamento** per quella determinata keyword. Per crearlo, usa il tool **Gems** di Helium10 al link **https://bit.ly/2vnuGBl** e vai sotto la voce "n.*3 - 2 STEP URL VIA FIELD ASIN*", inserisci la **keyword** e l'**ASIN** del tuo prodotto. Il link ottenuto è per Amazon.com, quindi è necessario che tu sostituisca ".it" al ".com" e il Super-Url sarà **pronto**.

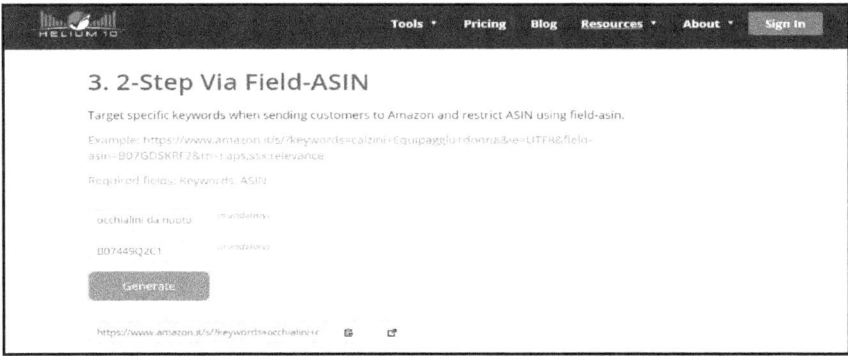

EMAIL MARKETING PER AMAZON FBA

Una mail di follow – up è una mail che come venditore puoi mandare al tuo cliente una volta che il tuo articolo è stato spedito per informarlo dell'avvenuta spedizione e **ringraziarlo** dell'acquisto effettuato. Potrai inoltre fornire una serie di informazioni aggiuntive sul prodotto.

A questa mail consiglio di allegare una sorta di guida all'utilizzo del prodotto, preferibilmente in formato PDF che deve occupare meno di 10MB.

In questo modo andrai a valorizzare il prodotto e fornire tutte quelle informazioni che non sei riuscito a scrivere nella descrizione del prodotto, così come puoi mandare foto di esempi di **corretto utilizzo** e **consigli** più specifici.

Ma la mail più importante è quella a consegna avvenuta, nella quale **sei autorizzato a chiedere un feedback in modo gentile per farti aiutare a migliorare,** e se hai fatto come ti ho detto, sicuramente l'acquirente lo farà volentieri. Il regolamento di Amazon **vieta** di inserire in questa Email un link che riconduca fuori Amazon o un vostro indirizzo email o un tuo contatto telefonico.

Per ottimizzare la gestione delle tue Email di follow-up, ti consiglio di affidarti al servizio di **SageMailer** che ne **automatizzerà** l'invio facendoti **risparmiare** molto **tempo**.

Il sito in questione offre 21 giorni di prova gratuita, dopo i quali puoi decidere se attivare il piano base da 500 Email al mese al costo di 10$ o altri piani più avanzati.

La migliore strategia è quella di mandare una mail per il ringraziamento dell'acquisto effettuato nel momento in cui l'articolo viene spedito, ed un'altra E-Mail **7 giorni dopo la consegna**, nella quale fornisco anche un coupon del 10% su tutti i miei prodotti e chiedo di lasciare una recensione.

La seconda E-Mail non è solo utile per ricordare al cliente di lasciare una recensione a seconda della sua esperienza d'acquisto, ma anche per **prevenire** eventuali problematiche che potrebbero portare a **recensioni negative.**

SageMailer ha alcuni **modelli preimpostati** e tradotti, quindi non dovrai fare altro che inserire gli ASIN dei prodotti che ti interessano per la campagna di Follow-Up. Trovi un video sull'uso di Sagemailer nei Contenuti Extra del manuale!

Intanto, eccoti un esempio valido di Email Follow Up finalizzata all'acquisizione di recensioni.

Salve John,

Grazie nuovamente per aver ordinato Kindle Paperwhite E-reader. Spero che il suo articolo le piaccia e lo abbia trovato utile.

Le sarei grata se potesse dedicare un minuto per condividere con noi e con gli altri clienti com'è stata la sua esperienza di acquisto, anche per aiutarci a crescere.

Per ringraziarla ancora dell'acquisto, ho piacere di regalarle questo coupon valido fino al 31 Novembre 2019 per acquistare sul nostro Negozio Amazon con il 10% di sconto:

GRAZIEMILLE

Kindle Paperwhite E-reader

Condividi la mia recensione

Condividi la mia recensione

Se dovesse avere domande o problemi relativi all'ordine, non esiti a rispondere a questa email. Sarà mia cura darle riscontro nel più breve tempo possibile.

Cordialmente,
Lucia de Laurentiis
Responsabile Servizio Clienti PuntoitShop

LE CAMPAGNE PAY PER CLICK

PPC sta per "Pay per Click", quindi come puoi capire dal nome, è un **sistema pubblicitario** a pagamento offerto direttamente da Amazon, che necessita di un investimento costante nel tempo per dare dei buoni risultati.

Grazie alla campagna PPC il tuo prodotto può essere indicizzato come **primo risultato** in prima pagina anche se fai zero vendite ed hai zero recensioni, tra poco ti spiego come.

Pay per click significa che sei tenuto a pagare una determinata somma ad Amazon ogni qual volta che un utente clicca sul tuo prodotto, **anche se poi non lo acquisterà**.

Esistono due tipi di campagne PPC: **manuale** ed **automatica**.

Nella campagna PPC **automatica** è l'algoritmo pubblicitario di Amazon a selezionare una serie di parole chiave per le quali indicizzare il tuo prodotto.

In questo caso dovrai selezionare una **bid fissa**, ovvero il massimo che sei **disposto a pagare** per un singolo click sul tuo prodotto (Amazon te ne suggerirà comunque una).

Nella campagna PPC **manuale** sarai **TU** a decidere per quali parole chiave sponsorizzare il tuo prodotto.

Questo significa che potrai avere un maggior **controllo** su come stai spendendo i tuoi soldi e decidere anche il tipo di **corrispondenza** della parole chiave con i termini di ricerca dei clienti. Praticamente potrai decidere se puntare a parole chiavi meno specifiche e più ricercate, o su quelle più di nicchia e quindi specifiche e meno cercate. E' altrettanto importante distinguere i tre tipi di corrispondenza esistenti:

CORRISPONDENZA AMPIA: Il tuo annuncio viene pubblicato se i termini di ricerca del cliente contengono anche **sinonimi** disposti in ordine diverso.

CORRISPONDENZA A FRASE: Ciò che cerca il cliente deve essere nello **stesso** ordine di parole che hai stabilito tu, anche se prima o dopo inserisce altre parole chiave.

CORRISPONDENZA ESATTA: Il termine di ricerca deve corrispondere esattamente alla tua keyword.
Anche per questo è anche importante selezionare **SOLO** parole chiave attinenti al tuo prodotto.
Dovrai poi selezionare per ciascuna di queste parole chiave una bid. **Maggiore** sarà la bid, **migliore** sarà il posizionamento della tua inserzione quando un cliente andrà a cercare quella determinata parola chiave su Amazon. **Quindi se imposti una bid maggiore rispetto a quella di tutti i tuoi competitors, il tuo prodotto sarà il primo risultato:** è una vera e propria asta a chi offre più soldi ad Amazon per indicizzare il proprio articolo.

QUANTO SPENDERE DI CAMPAGNA PPC: La campagna PPC logicamente avrà un costo tutt'altro che irrisorio se la gente andrà a cliccare sul tuo prodotto, per questo dovrai trovare un vostro **equilibrio** tra margine di guadagno e costo della PPC in percentuale, indicato dal valore **ACOS** (Advertising Cost Of Sale).
È consigliabile che questo valore sia al di **sotto del 25%,** altrimenti potresti non avere marginalità.

Per far partire la campagna PPC, **la cosa fondamentale è aspettare prima di avere almeno 5-6 recensioni** (più avanti ti spiego come ottenerle). Nessuno comprerà mai un prodotto con zero recensioni sentendosi una cavia! Far partire la PPC prima delle 5-6 recensioni equivale a buttare i soldi dalla finestra perchè gli utenti entreranno nella tua pagina prodotto facendoti spendere soldi, ma alla fine non acquisteranno.

Ora che hai capito come far partire la PPC, dovrai stabilire il tuo **budget giornaliero.** Per la campagna automatica sarebbe meglio **10 Euro**, ma non per troppo tempo, giusto il periodo necessario per capire quali sono i termini di ricerca dei clienti che portano a **click** ed **acquisti.** Infatti sarebbe meglio passare **dopo una settimana** alla campagna manuale inserendo le parole chiave che hai **raccolto** con la campagna automatica. Per la campagna manuale consiglio un budget giornaliero tra i **15** e i **20 Euro**, in modo da raggiungere un grande numero di utenti durante l'arco di tutto il giorno. *Una campagna pay per click aggressiva è la base per un lancio di successo.*

In questo modo se avrai poche recensioni avrai molte più **possibilità** che il tuo prodotto venga acquistato, quindi di salire in alto e di ottenere nuove recensioni.

È un circolo virtuoso che ti può portare a diventare il prodotto **bestseller,** è comprovato.

Questo non significa che Amazon farà tutto da solo, anzi dovrai **ottimizzare** la campagna pubblicitaria di giorno in giorno. In primis **cancella** le parole chiave che ti **costano** molto e portano a **poche** vendite, ma piuttosto trova quelle che convertono in molti ordini magari **aumentando** la bid per quelle. Scarica il report e fai questo lavoro almeno una volta a settimana.

Sto spendendo molti soldi per la campagna PPC ma non ho vendite, che faccio? Aspetta qualche altro giorno e cerca di ottenere altre recensioni.

Al contrario se **non stai spendendo** tutto il tuo budget giornaliero di PPC significa che **pochi** stanno cliccando sul tuo annuncio, per questo ti consiglio di **migliorare** la prima foto e le parole chiave.

SUGGERIMENTO IMPORTANTE: Ricordati di inserire le parole chiave **negative**, ovvero quelle parole chiave che non corrispondono al tuo prodotto. Questo ti aiuterà ad avere un **tasso di click maggiore.**

Ti allego un colpo d'occhio di una **campagna PPC** per un prodotto che da un momento in poi non ne ha avuto più bisogno, perché avendo raggiunto il **primo posizionamento** per la maggior parte delle keywords era **inutile** portarla avanti.

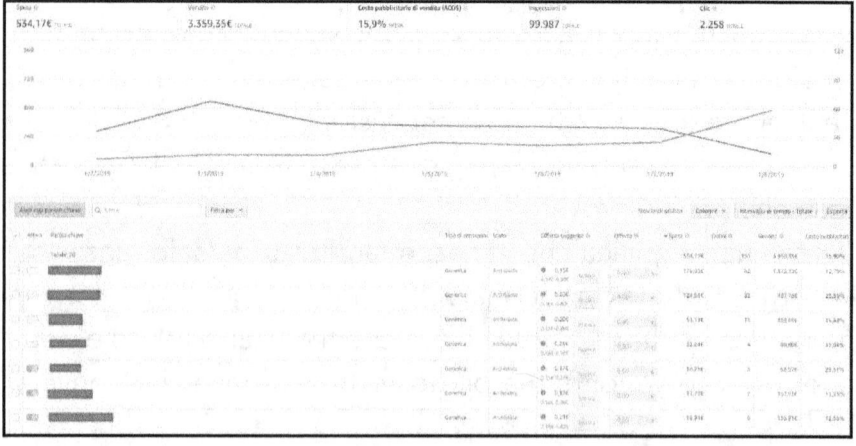

La linea blu rappresenta i **click** mentre quella arancione l'**ACOS**. Puoi notare come nel periodo di febbraio i **click** erano **altissimi** e nonostante questo, il valore dell'**ACOS** fosse pari ad appena il **10%**, proprio perché la pagina prodotto era **ottimizzata** per la **conversione**.

Ovviamente tutti i numeri di cui sopra sono riferiti ad un mercato con medio-bassa competizione come quello italiano: scordati di spendere dai 10 ai 20 Euro al giorno per una campagna PPC su Amazon.com, dove i numeri sono triplicati se non quadruplicati. Per partire sul Marketplace americano sono necessarie oltre 20-30 recensioni prima di avviare la campagna Pay-per-Click per un determinato prodotto.

Un ultimo consiglio: inizia a **sperimentare** fin da subito quello che funziona e non funziona per te e i tuoi prodotti, non **fossilizzarti** sulla **teoria** e punta subito al **pareggio** tra **ricavi** e **costi**! Se hai selezionato un prodotto davvero **valido**, vedrai che le vendite **partiranno da sole**, e potrai sfruttare il volano della PPC per arrivare subito nelle **prime posizioni**.

RECENSIONI E FEEDBACK

Recensioni e Feedback vanno a influenzare in modo significativo il tasso di conversione in vendite.

Ad esempio un prodotto con 0 o **poche recensioni** è spesso **evitato**, mentre un prodotto con più di **40-50** recensioni e una media di 4 stelle e mezzo ci fa pensare ad un articolo di qualità che molto probabilmente ci **soddisferà**.

Quindi per iniziare a vendere bene ti occorrerà un certo numero di recensioni che dipende sicuramente dal numero di recensioni del tuo concorrente.

Se questo ne ha 10, tante te ne basteranno per iniziargli a **rubare** clienti. Se ne ha 300, le tue 10 non lo **ingelosiranno**.

I feedback sono invece quelle valutazioni che non si fanno sul prodotto bensì sul **venditore**. Andando a leggere i feedback quello che ci interessa sapere è se il venditore offre un servizio di buona qualità.

I clienti generalmente vanno a controllare i **feedback** soprattutto quando vogliono comprare da te un prodotto **molto costoso** o quando non hanno mai sentito il nome del tuo Brand, per questo si informeranno dapprima della tua affidabilità. *Per questo posso dirti che ti serviranno prima le recensioni, e poi i feedback.*

RECENSIONI VERIFICATE E NON VERIFICATE: Una recensione **verificata** indica che il cliente ha effettivamente acquistato quel prodotto tramite Amazon. Per iniziare a lasciare recensioni verificate è necessario aver effettuato ordini **per almeno 50 Euro** sul proprio account.

Una recensione **non verificata** è una recensione che un cliente può lasciare in un qualsiasi momento per un qualsiasi articolo, che magari ha acquistato presso un negozio fisico e, per questo motivo, Amazon non può certificare che quel cliente sia in possesso di quel determinato articolo o meno.

Per questo motivo le recensioni che ti serviranno sono quelle verificate.

COME OTTENERE RECENSIONI 5 STELLE

Sembra banale, ma il miglior modo per ottenere recensioni 5 stelle è **vendere un prodotto che vale 5 stelle**.

Ovviamente se aspetti delle recensioni genuine per un prodotto appena lanciato dovresti **aspettare** veramente molti ordini (la media è di 6 recensioni ogni 100 ordini, quindi all'inizio sarà praticamente **impossibile**).

Da un po' di tempo Amazon **non consente** di far rilasciare una recensione verificata a coloro che hanno acquisto il prodotto in questione ad un prezzo fortemente scontato con l'uso di un **codice sconto** (il tipico caso del giveaway).

Di conseguenza è nato quasi un mondo parallelo ad Amazon in cui i venditori propongono ai recensori rimborsi del 100% del costo di ogni prodotto tramite Paypal in cambio di una recensione 5 stelle.

COME FUNZIONA? Il recensore compra dapprima il prodotto simulando un acquisto reale, pagandolo con la sua carta di credito. Dopodiché aspetta qualche giorno dalla consegna e scrive una recensione 5 stelle. Quando questa sarà online, gli verrà **rimborsato** il costo del prodotto acquistato.

Esistono svariati gruppi **Facebook** a tema recensioni dove ogni giorno vengono proposti migliaia di prodotti da recensire e spesso vengono offerte delle **commissioni aggiuntive**.

Il venditore ci guadagna una recensione 5 stelle mentre il recensore un prodotto gratuito, facile no?

Questo ad oggi è il metodo migliore per ottenere un buon numero di recensioni e magari agganciare velocemente la concorrenza a livello numerico, anche se **è contro le regole di Amazon nella maniera più assoluta** e ti sconsiglio di utilizzarlo per molto tempo, ma solo per raggiungere quelle 5-6 recensioni per far partire la PPC.

Negli ultimi tempi Amazon sta **bannando** moltissimi recensori e perseguitando legalmente i venditori che hanno seguito la procedura sopra spiegata.

Quindi fai molta accortezza a come selezioni questi recensori, che devono pubblicare **massimo** una recensione ogni due giorni, altrimenti sono a serio **rischio ban.**

Ti consiglio di farti mandare da queste persone degli **screenshot** del loro profilo Amazon per **valutare** meglio.

LE PROMOZIONI DI AMAZON

Amazon ti dà la possibilità di creare delle promozioni per gli articoli messi in vendita. Puoi creare tre tipi di promozione:

- **SPEDIZIONE GRATUITA;**
- **SCONTO;**
- **DUE PER UNO.**

Ovviamente per quanto riguarda la prima, offrirai la **spedizione gratuita** al **raggiungimento** di un determinato ammontare di articoli o spesa di articoli **venduti da te presenti** nel carrello (ovviamente nel caso della gestione FBM).
Lo **sconto** è invece una **riduzione** del prezzo in percentuale o in cifra fissa che puoi offrire o all'interno della pagina del prodotto (nella sezione promozioni disponibili) o inviare ad un gruppo di persone specifiche.

Un'altra possibilità è creare dei **coupon monouso** utilizzabili da un solo cliente una tantum.

Il **due per uno** è una promozione molto interessate: puoi creare ad esempio questa formula: "acquista 2 prodotti ed il terzo è omaggio". In questo modo puoi offrire **gratuitamente** un secondo articolo a fronte **dell'acquisto** del prodotto principale.

Dovrai poi impostare la data di **inizio** e di **fine** dello sconto, e anche il messaggio che avrà davanti l'utente al momento dell'acquisto.

La promozione che vuoi creare deve offrire un **vantaggio significativo al cliente**, in modo da poter spingerlo ancora di più ad acquistare, altrimenti "atterrerà" nella tua pagina prodotto e ne sarà completamente **indifferente**.

IMPORTANTE – Se stai creando un codice sconto con un'**alta percentuale** di **riduzione** del prezzo, ad esempio per fare un giveaway su Viral Launch, è importante che selezioni nella pagina del prodotto "1" come quantità massima acquistabile per ciascun utente, a meno che non vuoi dare via tutto il tuo inventario ad un prezzo irrisorio! Siccome molte persone hanno **problemi** a creare il codice sconto, ho creato un video tutorial in merito, lo trovi nella libreria della sezione riservata ai contenuti extra.

OFFERTE LAMPO ED INIZIATIVE SPECIALI

Un'**offerta lampo** è un'offerta a **tempo** che prevede un prez-zo scontato di almeno il 20% per un periodo di tempo che va dalle 4 alle 6 ore. Amazon ti proporrà l'offerta lampo e sarai tu a **decidere** se **attivarla** o **meno**, e nel caso accetti, dovrai pagare una **tassa** che ammonta a poche decine di euro.

Affinché Amazon ti **proponga** di attivare un'offerta lampo, dovrai avere una media di recensioni maggiore alle 3 stelle, essere idoneo a Prime ma soprattutto devi essere un vendito-re di tipo **professionale.**

Ritengo che le offerte lampo siano un'ottima opportunità per salire di classifica e dare al tuo prodotto una **grandissima vi-sibilità**, poiché sono tante le persone che ogni giorno aprono l'elenco delle offerte lampo per cercare qualche **occasione** che gli possa interessare.

Amazon organizza durante l'anno delle vere e proprie feste dello shopping, ovvero il **Black Friday**, il **Cyber Monday** e soprattutto il **Prime Day**.

Il Prime Day è un'ottima opportunità per far aumentare le vendite nel periodo **estivo** che, come è logico che sia, sono molto ribassate rispetto alla media invernale. In questi giorni di sconti potresti valutare di **diminuire** di un po' il **margine** dei tuoi guadagni per **accumulare velocità di vendita**.

Aggiornamento Maggio 2019: Per creare un'offerta lampo non è più necessario che Amazon te lo proponga nella sezione dedicata, basta essere loggati nel proprio SellerCentral ed inserire questo link nella barra degli indirizzi:

https://sellercentral-europe.amazon.com/merchandising/manage/lightning-deals/create/SKUDELTUOPRODOTTO

Immagine	Nome del prodotto SKU	Il tuo prezzo	Prezzo dell'offerta Prezzo massimo dell'offerta	Quantità dell'offerta Quantità minima dell'offerta	Potenziale dell'offerta* Sconto sul prezzo praticato
	NOME DEL PRODOTTO SKU DELL'ARTICOLO	8,59 €	6,79 € 6,79 €	45 45	305,55 € 81,00 €

Potenziale totale dell'offerta*: 305,55 €
Sconto totale sul prezzo praticato: 81,00 €

Il **potenziale dell'offerta** corrisponde al prezzo proposto moltiplicato per la quantità proposta. Non sono incluse le **commissioni** correlate alla vendita degli articoli.

COME GESTIRE LE RECENSIONI NEGATIVE

Le recensioni negative di acquirenti pignoli possono arrivare, nonostante il tuo prodotto sia **perfetto**.

Purtroppo, anche una sola recensione negativa può **influenzare** le tue vendite, per questo dovresti minimizzare gli effetti del commento negativo **segnalandola,** anche con gli account di amici e parenti, ma sempre con **indirizzi IP differenti**.

In questo modo la recensione negativa scenderà in basso e non avrà rilevanza sociale, **nessuno la leggerà**.

Se invece il testo della recensione non è relativo alla qualità del prodotto ma ad un disservizio della consegna, potrai **segnalarla** ed Amazon sicuramente te la cancellerà in quanto la consegna è sotto la sua responsabilità.

Stessa cosa, se ti dovesse arrivare un feedback venditore relativo al prodotto e non al servizio del venditore, potrai farlo **eliminare** da Amazon.

Nel caso in cui ci sia un problema in cui sei tu responsabile e viene rilasciato un **feedback negativo** nei tuoi confronti, **rispondi** al cliente facendo notare al pubblico esterno che hai **risolto** quello specifico problema.

MARKETING E TRAFFICO ESTERNO

Un buon lancio è affiancato da alcune **strategie di marketing** che possono ricondurre molto **traffico** all'interno della tua pagina prodotto.

Potrai sfruttare questi quattro strumenti molto utili:

- Facebook (e Instagram) Adsense;
- Google Adwords;
- Canali Telegram e gruppi Facebook;
- Influencer Marketing.

FACEBOOK ADS: Facebook permette di creare una campagna pay per click per **diffondere** il link della tua pagina prodotto.

Per prima cosa dovrai creare la pagina Facebook del tuo brand e poi dovrai monetizzare un post in cui includi il link al prodotto (e ti consiglio di inserire nel post un codice sconto).

Un passo fondamentale è **selezionare** il **tuo pubblico** di riferimento, in base agli **interessi** e ai **dati demografici** che meglio rispecchiano quelli che possono essere i tuoi **potenziali acquirenti**.

Da quando Instagram appartiene a Facebook, potrai inserire contenuti sponsorizzati sul primo Social network creando **solamente** una campagna Facebook.

GOOGLE ADWORDS: E' la campagna pay per click di Google ed è nettamente più **costosa** rispetto a quella di Facebook, perchè chi va a digitare su Google le parole chiave del prodotto, è più intenzionato ad acquistare rispetto a chi si trova il tuo articolo davanti su Facebook mentre scorre la Home.

Dovrai selezionare una serie di parole chiave ed impostare **l'offerta massima** che sei disposti a pagare per ogni click, così come un budget giornaliero, similmente alla campagna pay per click di Amazon.

Ovviamente impostando una bid più alta avrai la possibilità di veder posizionato il tuo annuncio **in cima** alle **ricerche** nel motore di ricerca più **importante** ed **usato** al mondo.

CANALI TELEGRAM E GRUPPI FACEBOOK: *Perché dovresti usare i canali Telegram e gruppi Facebook?* Ci sono decine e decine di queste communities dove vengono condivisi **codici sconto** davvero interessanti, quindi potrai **proporre** il tuo codice sconto a migliaia di clienti **generando** così nuove **vendite**.

INFLUENCER MARKETING: E' una pratica di marketing basata sulla collaborazione con **influencer**, ovvero persone che hanno un largo **pubblico** sui Social Media, su cui possono appunto "influenzare" le **scelte** di **acquisto**.
Per questo motivo sarà necessario trovare un influencer **appartenente** alla tua nicchia e che soprattutto approvi il tuo prodotto essendone convinto delle sue qualità.

Potrai decidere di rendere questo influencer Ambassador del tuo brand, così come chiedergli di creare una tantum dei **contenuti** relativi al tuo prodotto sulla sua pagina social
Quello che ti consiglio di fare è creare un codice sconto in esclusiva per i followers di questo influencer, che si sentiranno quasi "**speciali**" di poterne **usufruire**.

COS'E' L'HIJAKING E COME EVITARLO

Un problema che molto spesso si presenta andando avanti con il business è la presenza di **hijakers**, che in inglese significa "dirottatori", non di aerei ma di **traffico** nella tua pagina prodotto.

Non sono altro che **venditori cinesi** che creano un'offerta per lo stesso tuo ASIN, non in FBA ma in FBM, quindi mettendo un prezzo molto inferiore al tuo. In altri casi, queste persone non sono altro che dei competitors che spediranno alle persone che acquistano il prodotto dalla tua pagina un prodotto di **qualità pessima**, se non uno completamente **diverso**, in modo da farti **sommergere** da **recensioni negative**.

Quindi hai capito bene che è meglio liberarsene al più presto, anche se non hanno necessariamente cattive intenzioni.

Se hai aderito al servizio **Brand Registry** di Amazon (ovviamente devi prima registrare un marchio), basta contattare l'assistenza che in meno di niente rimuove l'offerta dell'hijackers, altrimenti devi quasi entrare in "**trattativa**" con il cinese. Ma c'è un metodo quasi infallibile: la lettera minatoria in cinese. Non è altro che una mail nella quale comunichi che non hai autorizzato la vendita di quell'articolo, siccome non hai ceduto **lotti** al commerciante in questione.

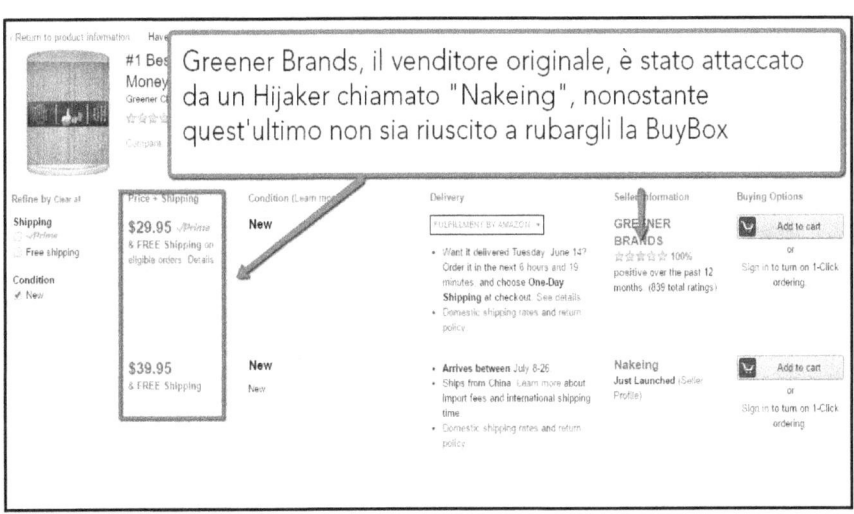

Greener Brands, il venditore originale, è stato attaccato da un Hijaker chiamato "Nakeing", nonostante quest'ultimo non sia riuscito a rubargli la BuyBox

Per copiare l'e-mail in questione **tradotta** in cinese da un **interprete** (e non con Google Translate), accedi ai **contenuti extra** del manuale, il link lo troverai più avanti.

IL PROGRAMMA PANEUROPEO DI AMAZON

Una delle **opportunità** più utili di Amazon è che non ci mette limitazioni dal punto di vista geografico: siccome abitiamo in Italia non siamo **limitati** alla vendita su Amazon.it, ma possiamo **espandere** il nostro business a livello europeo o mondiale, grazie alla vendita sul sito di Amazon USA, così come su quello canadese o giapponese.

Quello che possiamo puntare a fare è trovare nuove opportunità in uno di questi marketplace creando una novità: dobbiamo esplorare anche questi mercati per trovare qualche prodotto con bassa **concorrenza** o che ancora non sia **spedito** con **Amazon Prime**.

La lingua diversa non è nemmeno più un limite insuperabile, perchè su **Fiverr** possiamo trovare degli **interpreti** a cui possiamo commissionare la traduzione della nostra pagina prodotto nella lingua del marketplace nel quale vogliamo vendere, **evitate Google Translate**.

Un'altra possibilità che ci offre Amazon è quella del **programma Paneuropeo di logistica**: sarà Amazon stesso a gestire lo **spostamento** della merce tra i suoi vari centri di distribuzione in base ad un'attenta **analisi** dei **trend** di vendita. In questo modo il prodotto sarà **più vicino** al cliente europeo, il che permette di **risparmiare** molti soldi rispetto al **servizio standard** della rete Europea di Amazon, che prevede lo stoccaggio della merce in **un solo magazzino**, dal quale vengono spediti gli ordini in tutti i paesi nei quali è presente la tua offerta.

Non tutti i prodotti sono però **eleggibili** al programma Panaeuropeo, ma è Amazon a vedere se gli conviene e nel caso **proportelo.** Per aderire al Programma Panaeuropeo, è necessario avere in ciascun paese dove sono presenti magazzini Amazon in Europa (Germania, Italia, Spagna, Regno Unito, Francia e Polonia) una **partita IVA** (e non una società). A questo scopo, ti possono essere utili i **servizi IVA offerti da Amazon**, che ti consente di avere una **consulenza** in materia fiscale per ciascuno di questi paesi.

ALLARGARE IL BUSINESS FUORI AMAZON

Una volta che avrai creato un Brand e lanciato più prodotti, non significa che dovrai rimanere **ancorato** ad Amazon, che tra l'altro potrebbe decidere di **eliminare** il tuo account da un momento all'altro perché vuole **interrompere** la vendita dei prodotti appartenenti alla tua nicchia.

Per questo puoi porti l'obbiettivo di creare parallelamente ad Amazon un **sito** di **e-commerce** dove sarai tu a gestire tutte le fasi dell'ordine ed avere anche una maggiore **marginalità**.

Questo ti consentirà di rendere tutti quei clienti che **prima erano di Amazon**, anche se acquistavano tuoi prodotti, clienti del **TUO** marchio.

Un primo passo potrebbe iniziare ad inserire nel packaging dei tuoi prodotti in vendita su Amazon dei **codici sconto** per il tuo e-commerce, così da spostare quel cliente da Amazon al tuo sito.

Creare un brand forte significa creare qualcosa che **acquisisce** con il passare del tempo **valore economico**, quindi se un giorno volessi darti ad un altro business, potrai **cedere** il tuo brand e la tua attività ad un **prezzo davvero importante**.

Per creare un sito di vendita ti consiglio di usare **Shopify**, una piattaforma che ti permetterà di creare il tuo e-commerce avendo a disposizione **template** pronti.

Costruire un Brand non significa solo creare un logo o uno slogan. Il Brand deve esistere e rimanere **coerente** in tutti i luoghi in cui i clienti **interagiscono** con te, dal tema scelto per il sito web al marketing, al servizio clienti, al packaging e alla spedizione dei prodotti.

Il tuo Brand deve **evolversi** man mano che crescono i tuoi clienti, e man mano che scopri di più su chi sono e su come comunicare con loro. È importante tenere a mente che non avrete mai il **controllo al 100%** su come le persone percepiscono il tuo Brand. Però, a differenza di FBA, con un tuo e-commerce puoi capire chi è il tuo **target** e sarà molto più facile **allargare** la tua **cerchia** di clienti anche grazie al **Social Media Marketing**.

SFRUTTARE LA GESTIONE MULTICANALE

Una possibilità che ti da Amazon FBA è quella di far gestire da loro gli ordini che ricevi da diversi **canali di vendita**, come ad esempio **Ebay** o il tuo sito di **E-commerce**.

In questo modo potrai garantire ai tuoi clienti al di fuori di Amazon il **servizio eccellente di FBA** e non dovrai stressarti a spedire pacchi e chiamare il corriere a casa, Amazon penserà a tutto!

La gestione multicanale è inclusa nell'account Pro, quindi non dovrai pagare **ulteriori** costi di iscrizione.

Un altro lato positivo è che Amazon potrà gestire al posto tuo il **reso gratuitamente** (questo servizio è ancora in fase beta).

Purtroppo, esiste un **tariffario diverso**, e per spedire un ordine di gestione multicanale **spenderai** molto di **più** rispetto ad un ordine di Amazon.

Si parte da un costo di **ritiro** ed **imballaggio** fisso di 2,75€, a cui va aggiunta una spesa di **evasione** pari a 4,50€ per la spedizione **standard** (3-5 giorni) e 8€ per la spedizione **premium** (1-2 giorni). A questo dovrai aggiungere una tariffa in base al peso del tuo articolo di circa 0,15€ ogni 100g.

COME REGISTRARE IL TUO MARCHIO

Registrare un marchio rappresenta un grande vantaggio nei confronti dei competitors perché permette di accedere al **Brand Registry** di Amazon, il quale a sua volta ti consente di accedere alle **descrizioni A+** e ti difende, come ti ho precedentemente spiegato, da attacchi di **hjiaking**: basterà segnalare il problema all'assistenza di Amazon che in quattro e quattr'otto **bloccherà l'offerta** indesiderata.

Per registrare il marchio devi tenere in considerazione due fattori: i territori in cui vuoi che la **tutela** del marchio sia valida (Italia, Europa o mondo intero), e il numero di **classi merceologiche** da coprire.

Per quanto riguarda il **marchio Italiano**, una volta registrato ha una validità di 10 anni, e può essere rinnovato all'infinito.

Ma quanto costa registrare un marchio in Italia? Queste sono le voci di **spesa**:
• **16 Euro**: Marchio da Bollo da incollare sulla domanda in originale;
• **40 Euro**: Diritti di segreteria da pagare direttamente in Camera di Commercio;
• **101 Euro**: Registrazione del Marchio + 1 classe, da pagare tramite modello F24;
• **34 Euro**: Ogni classe aggiuntiva, da pagare tramite modello F24.
Prima di registrare un marchio, è necessario fare una ricerca per controllare che nessun'altra persona si sia attribuita lo stesso o un simile marchio commerciale. Per fare questo vai al sito della banca dati **TMVIEW**:
https://www.tmdn.org/tmview/welcome

Se dalla ricerca di anteriorità in Italia è venuto fuori che il tuo marchio (o uno molto simile) è già stato registrato, ovviamente **non puoi registrarlo**. Chiediti piuttosto che cosa dovresti modificare per renderlo unico ed inequivocabile.

Adesso che hai completato la ricerca di anteriorità, devi trovare le classi che vuoi tutelare. In base all'Accordo Internazionale di Nizza, ne sono state stabilite in totale **45**. Fra queste 45 classi diverse, tu dovresti scoprire quali sono quelle più pertinenti alla tua situazione. Per operare questa scelta, accedi al sito **TMCLASS** e fai una ricerca, trovando gli attributi della classe 35 (quella dedicata al commercio al dettaglio) che descrivono al meglio i prodotti che vendi:

http://tmclass.tmdn.org/ec2/

Adesso sei pronto a presentare la domanda, scarica, compila e consegna il modulo **MA-RI** presso **l'Ufficio Brevetti e Marchi UBM** della tua città!

- **Modulo MA-RI**: https://bit.ly/2UVisPH
- **Direttive del Ministero dello Sviluppo Economico per compilare il modulo:** https://bit.ly/2ZCbNsg
- **Esempio di modello MA-RI compilato:** https://bit.ly/2IYt3IC

Ricorda che per ogni classe numerica di Nizza puoi tutelare tutte le sottocategorie che vuoi, che **vanno trascritte per intero** al punto 2 (CLASSIFICAZIONE) del modulo MA-RI.

Un altro consiglio: se stai tutelando un marchio figurativo, allegalo in **bianco e nero** così che se in futuro volessi cambiare la combinazione di colori, sarai lo stesso tutelato.

BONUS & EXTRA

Grazie mille per aver letto il mio manuale, spero che adesso tu abbia una **panoramica completa** su tutti quelli che sono i **passaggi** che sono necessari per avviare un Business Amazon FBA **di successo**, e mi auguro per te che con il tempo il tuo **impegno** porti i suoi **frutti**.

Per ringraziarti, ho in serbo per te diversi bonus che sono sicuro che troverai molto utili.

Il primo è una libreria di video **tutorial** in continuo **aggiornamento** che ho creato per dare un **supporto visivo** a tutte le metodologie che ti sono state spiegate nel corso del libro. **Connettiti** al seguente sito digitando:

https://linktr.ee/venderesuamazonfba

Sempre in regalo per te, eccoti un **codice sconto** del **50%** per il primo mese ad Helium10, la **suite** di **software più completa** per chi vuole intraprendere il business Amazon FBA:

GIONSITALY50

Il consiglio che ti dò è quello di utilizzare questo codice solo per il **primo mese**, quando avrai bisogno di ricercare il prodotto e individuare le keyword per la creazione della pagina di vendita, per poi annullare l'abbonamento e creare un nuovo account con lo stesso codice sconto **quando vorrai cercare il secondo prodotto**, e così via.

In più, mi è stato riservato un codice sconto del **10%** che, a differenza del primo, una volta inserito è **valido a vita**, e ti consiglio di utilizzarlo nel caso in cui preferissi utilizzare un solo account **Helium** per sempre senza doverne creare di nuovi per poter usufruire di uno sconto:

GIONSITALY10

Se hai qualche **domanda** su un argomento preso in esame in questo manuale, sarò a tua completa **disposizione**. Scrivi una E-Mail a venderesuamazonfba@gmail.com e sarà mia cura darti riscontro nel minor tempo possibile!

DISCLAIMER

Tutti i marchi registrati e loghi citati in questo libro appartengono ai legittimi proprietari.

L'autore non pretende né dichiara alcun diritto su questi marchi, citati solo a scopo didattico.

Sebbene i contenuti di questo libro vengano periodicamente aggiornati e modificati, non l'autore non può escludere che al loro interno vi possano essere errori e/o omissioni che in qualche modo mettano in dubbio la correttezza delle notizie fornite.

L'autore in questo caso non si ritiene in alcun modo responsabile di eventuali danni conseguiti a quanto pubblicato.

Anche l'elaborazione dei testi, seppure curata con scrupolosa attenzione, non può comportare specifiche responsabilità per involontari errori o inesattezze. Inoltre, il contenuto di questo libro non deve essere sostituito a una consultazione professionistica in materia fiscale da parte di un commercialista.

APPUNTI